Prévenir le
BURNOUT

Prévenir le

BURNOUT

S'EN SORTIR ET SURVIVRE À LA
GUÉRILLA ADMINISTRATIVE

Par Dr Édouard Beltrami
et Jacques Beaulieu

Les Éditions
LOGIQUES
QUEBECOR MEDIA

Données de catalogage avant publication
Beltrami, Édouard

Prévenir le burnout : s'en sortir et survivre à la guérilla administrative
(Collection Solution santé)
Comprend des réf. bibliogr.
ISBN 2-89381-951-6
1. Dépression d'épuisement. 2. Dépression d'épuisement - Prévention.
3. Stress dû au travail. 4. Harcèlement en milieu de travail. 5. Dépression
d'épuisement - Traitement. I. Beaulieu, Jacques, 1948- . II. Titre. III.
Collection: Collection Solution santé (Éditions Logiques).

BF481.B44 2005   158.7'23   C2005-940780-8

Révision linguistique : Corinne De Vailly et Paul Lafrance
Correction : Luce Langlois
Mise en pages : Écho International inc.
Illustration de la couverture : Marie-Eve Tremblay, colagene.com
Graphisme de la couverture : colagene, clinique graphique
Photo de l'auteur : Daniel Auclair (Jacques Beaulieu)
                   Catherine Blanchet (Édouard Beltrami)

LOGIQUES est une maison d'édition agréée et reconnue par les organismes d'État
responsables de la culture et des communications. Nous remercions le Conseil des Arts
du Canada, le ministère du Patrimoine canadien et la Société de développement des
entreprises culturelles du Québec pour leur appui à notre programme de publication.
Nous reconnaissons l'aide financière du gouvernement du Canada par l'entremise du
Programme d'aide à l'industrie de l'édition (PADIÉ) pour nos activités d'édition.
Gouvernement du Québec – Programme de crédit d'impôt pour l'édition de livres –
Gestion SODEC.

Les Éditions LOGIQUES
7, chemin Bates, Outremont (Québec) H2V 4V7
Téléphone : (514) 270-0208 Télécopieur : (514) 270-3515

Distribution au Canada
Québec-Livres, 2185, autoroute des
Laurentides, Laval (Québec) H7S 1Z6
Téléphone : (450) 687-1210
Télécopieur : (450) 687-1331

Distribution en Belgique
Diffusion Vander, avenue des Volontaires,
321 B-1150 Bruxelles
Téléphone : (32-2) 761-1216
Télécopieur : (32-2) 761-1213

Distribution en France
Casteilla/Chiron, 10, rue Léon-Foucault
78184 Saint-Quentin-en-Yvelines
Téléphone : (33) 1 30 14 19 30
Télécopieur : (33) 1 34 60 31 32

Distribution en Suisse
TRANSAT SA Distribution Servidis s.a.
Chemin des Chalets, CH-1279
Chavannes-de-Bogis, Suisse
Téléphone: (022) 960-9510
Télécopieur: (022)-776-3527

© Les Éditions Logiques inc., 2005
Dépôt légal : troisième trimestre 2005
Bibliothèque nationale du Québec
Bibliothèque nationale du Canada
ISBN : 2-89381-951-6

Table des matières

INTRODUCTION

L e burnout n'est pas une maladie reconnue comme telle, que ce soit dans les milieux de travail ou par les assureurs privés ou publics. Pourtant, comme vous le découvrirez dans cet ouvrage, bien des gens en souffrent et, pour certains, cela tourne carrément au cauchemar. Dans bien des cas, il sera plus facile à l'assureur de faire comme si de rien n'était et de refuser de verser les indemnités de maladie, plongeant alors les employés dans une situation précaire dont plusieurs ne se sortiront pas.

En milieu de travail, le premier concept assurable fut celui de l'accident causant un dommage physique. Le malaise physique, les fractures et autres traumatismes sont facilement observables par simple examen visuel ou radiographique, et la décision d'indemniser ou non la victime est facile à prendre. Le premier médecin ayant soumis à la Commission de la santé et de la sécurité au travail (CSST) une maladie d'origine psychologique a été dénoncé par cette dernière au Collège des médecins sous prétexte qu'il ne se mêlait pas de ses affaires. Plusieurs facteurs, dont la nature de plus en plus compétitive du travail et le manque de ressources sociales en psychiatrie, contribuent à une augmentation fulgurante des burnouts et par conséquent des demandes d'indemnisation par les employés. Les compagnies d'assurances, pour éviter donc un certain laxisme laissant la voie grande ouverte aux abus, se sont entourées d'un réseau d'experts dans le domaine.

L'envers de la médaille, c'est que certains assureurs ont pris la bien mauvaise habitude de ne retenir que les services des experts psychiatres qui leur permettent de rentabiliser leurs opérations. Un psychiatre qui dans 80 % des cas donne raison au patient est vite rejeté par ce type d'assureur. À l'opposé, si l'expert retourne au travail 5 individus sur 10, il est considéré comme rentable et est privilégié par l'assureur.

Ce livre n'a d'autre but que de venir en aide aux victimes de burnout. D'un point de vue préventif, tous et chacun ont avantage à constater que le monde en général, et celui du travail en particulier, a bien changé. Analyser ces changements et s'y adapter est la meilleure potion pour éviter le burnout. Ensuite, il faut reconnaître ce qu'on appelle un épuisement professionnel. Est-ce lié à la performance? Est-ce consécutif à un harcèlement sexuel ou psychologique? Bien connaître la maladie permettra au lecteur de voir où il se situe.

Ce livre s'adresse aussi à ceux qui sont en burnout. Comment s'en sortir? Comment faire face aux experts des assureurs? Comment éviter qu'un burnout passager ne se transforme en burnout chronique?

Regardons de près quelques exemples :

«Après avoir travaillé pour la même entreprise pendant bon nombre d'années, me voici au seuil de la faillite. On m'a envoyé passer des tests dans une clinique où tout a été pensé pour déstabiliser la personne qui s'y présente. Déjà, le hall d'entrée immense dégageait une ambiance de froideur. Même les tableaux sur les murs faisaient peur. À l'entrée, il n'y avait aucune réceptionniste, personne pour m'accueillir. Puis, le docteur X est venu me chercher. Tout au long de l'entrevue et encore plus particulièrement vers la fin, il ne cessait de me dire : "Résumez, résumez, résumez."»

Ici, nous ne pouvons que réitérer notre incompréhension et notre totale répréhension d'un tel expert. À la limite, qu'un médecin rémunéré dans le cadre de ses activités régulières se sente un peu pressé par le temps peut non pas se comprendre mais à tout le moins s'expliquer. Par ailleurs, dans le cas d'une expertise où le psychiatre reçoit une très bonne rétribution et peut facturer le nombre d'heures travaillées, rien ne justifie qu'il presse ainsi le patient. L'élémentaire convenance voudrait qu'on accorde tout le temps nécessaire à cette personne afin qu'elle raconte bien son histoire.

Pour revenir au cas de ce technicien en avionique, le médecin a fini par lui demander : «Mais qu'est-ce qui vous empêche de travailler?»

Remarquez que la question se pose. Dans un contexte comme celui que je viens d'évoquer, il peut arriver que le patient se sente frustré et réponde comme Pierre : «Moi, je ne sais pas ce que j'ai. La seule chose dont je suis parfaitement sûr, c'est de ne m'être jamais senti ainsi avant. C'est vous le spécialiste qui devriez être capable de me dire ce que j'ai qui m'empêche de travailler.»

Quelques semaines plus tard, Pierre a reçu une lettre lui disant que, selon l'expert, il n'avait rien de grave et était en mesure de rentrer au travail. Lui qui n'était déjà pas très solide se voyait encore plus désemparé. Son épouse ne le reconnaissait plus. Il était devenu irascible, perdait facilement patience avec ses enfants et se sentait dévalorisé. Il retourna voir son médecin de famille qui lui dit qu'il pouvait bien lui signer un congé de maladie, mais que cela ne servirait à rien, car un expert s'était déjà prononcé. Son médecin le renvoya à un psychiatre.

Pierre fut reçu par une femme psychiatre qui lui expliqua que la seule façon de contester la décision de l'expert était de s'assurer les services d'un avocat qui demanderait une autre expertise, mais que cela coûterait plusieurs milliers de dollars. Comme Pierre ne disposait pas de ces sommes, elle lui suggéra de retourner au travail et de prendre en note tout ce qui lui semblait anormal. De cette façon, Pierre pourrait demander une nouvelle expertise en ayant des éléments nouveaux à présenter.

Considérant sa situation économique désastreuse et sa vie familiale qui tournait de plus en plus au vinaigre, Pierre se résigna à retourner au travail. Il revit son médecin de famille, qui l'autorisa à reprendre le travail. Toutefois, lorsqu'il se présenta au bureau, il ne put même pas franchir les contrôles de sécurité, les gardiens l'enjoignant de rentrer chez lui, car il lui était interdit d'entrer dans l'usine. La raison en était fort simple : l'expert avait inscrit dans son rapport que Pierre ne souffrait d'aucune maladie mentale, mais présentait plutôt un trouble de la personnalité.

C'est une stratégie malheureusement assez fréquente de la part de certains assureurs publics ou privés, que j'ai toujours décriée, que de placer les problèmes de l'employé sur le compte d'un trouble de la personnalité. Cette façon de procéder justifie les refus de payer un congé de maladie ; le problème, selon les assureurs, ne provenant pas du travail comme tel.

Alors, non seulement Pierre n'eut pas de congé de maladie rémunéré, mais le voilà maintenant sans travail.

En fait, Pierre a un trouble de la personnalité que l'on appelle bipolaire ou encore maniaco-dépressif. Certains employeurs craignent que l'employé en phase de manie ne commette des gestes portant atteinte à la sécurité d'autrui. Dans un tel contexte, Pierre se retrouve donc sans emploi et, ce qui est encore pire, sans traitement.

J'ai suggéré à cet homme de contacter son syndicat afin qu'il prenne à son compte la demande de nouvelles expertises et le traitement qui permettrait à Pierre de retrouver son travail.

D'autres fois, par contre, certains experts font preuve de générosité. Un bûcheron avait subi un accident de travail en forêt. Débouté par l'expert de l'assureur, notre travailleur forestier se retrouvait sans emploi et sans rémunération. Il eut l'ingénieuse idée de consulter un expert bien connu et à l'aise financièrement, le psychiatre Pierre Mailloux qui, devant le drame humain, prit sur lui de le défendre. C'est un cadeau de plus de 8 000 $ qu'il venait de faire à cet homme. Bien sûr, le médecin expert n'a jamais parlé de ce cas. Il aurait été bien mal venu d'étaler publiquement sa générosité. Pourtant cet altruisme du médecin mérite d'être porté à l'attention de tous.

Il arrivait souvent aux médecins d'antan de traiter gratuitement les moins nantis. C'est une des facettes du médecin qui mériterait d'être mieux connue.

Ce livre est écrit à la façon d'une histoire qu'on vous raconterait ou encore d'une conférence à laquelle vous assisteriez. Pour ne pas en ralentir le rythme, tous les éléments, qui sont des approfondissements des idées principales, sont placés en annexe du livre, ainsi que les divers tests psychologiques que vous pourrez vous amuser à remplir si vous voulez évaluer votre degré de stress, de dépression, d'anxiété, etc.

CHAPITRE 1

Vue d'ensemble
du burnout

L'adaptation sociale que Marshall McLuhan, le gourou des communications, a appelé le village global représente une société en changement continuel (voir Annexe I : *McLuhan, le visionnaire*). Le Dr Deepak Chopra, qui a été directeur d'un service d'endocrinologie et qui est auteur célèbre, disait que de nos jours ce qui est stressant pour les gens, c'est beaucoup plus le sur-place et la sécurité. La sécurité est la prison de notre passé, nous devrions être beaucoup plus ouverts aux changements. M. Dell conseillait à son fils Michael de cesser de s'amuser avec ses bidules électroniques dans le garage et de se trouver un travail sérieux. Aujourd'hui, le fils a grandi, et les ordinateurs Dell témoignent de son succès et de sa passion. Il clame à qui veut l'entendre que chez Dell, on ignore ce qu'est le changement. Le changement n'est que la routine de ses opérations.

LES BURNOUTS À LA HAUSSE

Dans ma pratique, la fréquence des burnouts m'a beaucoup frappé. Il s'agit souvent d'une maladie qui résulte d'un mélange d'anxiété et de dépression, ce qui porte un nouveau nom dans le *DSM-IV* (livre qui fournit la nomenclature des maladies psychologiques et psychiatriques, en somme la bible des psychiatres). On l'appelle le **syndrome anxio-dépressif**, ce qui est beaucoup plus intense qu'un problème d'adaptation avec humeur anxieuse et dépressive, mais beaucoup moins qu'un stress post-traumatique. Il ne s'agit pas donc d'une superposition simple de sensations d'anxiété et de dépression. Par contre, le syndrome anxio-dépressif n'est pas non plus une manifestation d'un stress post-traumatique. Ce dernier est un stress qui resurgit plus ou moins longtemps après qu'un individu a subi un traumatisme grave. Par exemple, François est soldat. Dans sa tranchée, il entend un bruit de détonation, juste à côté de lui. Il se retourne et voit son ami voler en éclats sous l'effet de la déflagration. Deux ans plus tard, la guerre est finie et François est de retour chez lui. Alors qu'il se balade en bordure de la route avec un ami, au moment où il ne le regarde pas, une déflagration se fait entendre. François panique totalement, il se jette au sol, tremble et ne répond pas à son ami. Celui-ci ne comprend pas pourquoi un pneu qui vient d'éclater sur une automobile qui les croisait peut plonger François dans un tel état. En fait, François est sous l'effet d'un stress post-traumatique, un élément stresseur (détonation) l'a replongé dans un état traumatique passé. Dans le syndrome anxio-dépressif, il n'y a pas eu de stress énorme comme c'est le cas dans le stress traumatique.

UNE JUSTE DOSE DE STRESS

Pour qu'on puisse parler de burnout, il faut qu'il y ait eu des stress répétitifs au travail. Au fil des évaluations, il est apparu qu'il peut effectivement s'agir de stress répétitifs pour certaines personnes souffrant de burnout, mais qu'un travail ennuyant, peu valorisant et routinier peut provoquer les mêmes problèmes. L'être humain peut donc craquer de deux manières : par trop de changements ou par pas assez de changements. Les candidats les plus à risque de burnout sont tellement focalisés sur leur retraite qu'ils acceptent des situations inacceptables.

Prenons l'exemple typique d'une agente de bord qui travaille trois jours par semaine, qui touche un bon salaire par rapport à la moyenne et qui peut voyager quand elle le désire. Lorsqu'une telle *chanceuse* parle de quitter son travail parce qu'elle n'en peut plus, qu'elle approche d'un âge avancé et qu'elle s'est rendu compte que son travail en était un de servitude, qu'elle est une serveuse de grande classe, mais une serveuse quand même, ses amis et tout son entourage lui disent : «Mais pourquoi? Nous, on aimerait être à ta place.»

Que se passera-t-il?

Un beau jour, elle a mal à l'épaule, et un mal qui ressemble à une bursite se déclenche. Les médecins l'examinent et ne trouvent rien de physique. Cette douleur a pour effet de l'empêcher de placer les bagages dans les casiers au-dessus des sièges des passagers, ce qui fait partie de ses tâches. Pour elle, c'est une manière inconsciente de refuser son travail sans en porter la responsabilité. Cela se manifeste sous forme de troubles somatoformes ou de douleurs chroniques (voir Annexe III : *Burnout : comment éviter d'être son propre bourreau*).

Force m'est de constater que beaucoup de ces troubles pour lesquels les médecins ne trouvent rien sont souvent dus à une manière inconsciente de refuser un travail. Travail que la personne pense devoir raisonnablement faire pour atteindre sa retraite en toute quiétude.

L'expérience nous apprend qu'il y a plusieurs stratégies que l'on peut mettre en branle.

PREMIÈRE RECOMMANDATION : LA ROUE DE SECOURS

Y a-t-il une roue de secours dans votre automobile ? Vous en servez-vous souvent ? La très grande majorité des conducteurs possèdent effectivement une roue de secours dont ils ne se servent à peu près jamais, mais ils sont quand même heureux d'en avoir une.

Ma première recommandation est donc de vous doter d'une ou de plusieurs roues de secours au travail. Même si vous occupez un emploi au gouvernement ou dans une grande société, même si vous croyez détenir un poste d'une stabilité à toute épreuve, vous devriez avoir votre roue de secours.

Mais qu'est-ce que c'est que cette fameuse roue de secours? Tout individu devrait pouvoir tester ses compétences en privé. Pour ce faire, il devrait posséder son ordinateur, son télécopieur, son imprimante; tous ces articles ne requièrent aujourd'hui qu'un investissement minime. Avec ce matériel, tout un chacun est en mesure de se confectionner une carte de visite. Voilà un élément crucial. Toute personne devrait être capable de répondre à ces questions: «Qui suis-je? Quelles études ai-je effectuées? Quels services puis-je offrir?» La carte de visite doit pouvoir répondre à ces questions.

Les gens qui souffrent de burnout mettent parfois quelques semaines avant de pouvoir répondre à ces questions toutes simples et produire une carte de visite d'allure professionnelle qui pourra, éventuellement, leur ouvrir des portes.

Dans certains cas, un peu de bénévolat dans le milieu où l'on pourrait vouloir évoluer permet de placer ses pions, qui se révéleront salutaires dans le cas d'une réorientation de carrière forcée ou planifiée.

De nos jours, et nous insisterons plus loin sur ce phénomène, il n'est plus question de penser travailler jusqu'à 65 ans au même endroit et prendre sa retraite à ne rien faire. D'une part, les emplois *garantis* jusqu'à 65 ans se font — j'oserais dire heureusement — de plus en plus rares; d'autre part, arrêter toute activité de travail à 65 ans et rester à ne rien faire pendant 15, 20, 30 ans, voire plus est impensable.

L'un de mes oncles prit sa retraite en 1978. Il déclarait fièrement qu'il avait travaillé pendant 45 ans pour le même employeur. Embauché comme préposé aux voyageurs dans une grande société ferroviaire alors qu'il n'avait que 20 ans, il a gravi les échelons pour devenir conducteur de train. Il pouvait passer des heures à nous raconter le jour glorieux où Sa Majesté Élisabeth II était montée dans son train pour faire le trajet Montréal-Ottawa, tout en balançant de la main sa montre de poche en or, unique cadeau de son employeur pour souligner son départ à la retraite.

Aujourd'hui, plusieurs éléments concourent à rendre de plus en plus impossible cette ancienne croyance de «la montre en or puis la chaise berçante le restant de nos jours».

LA RETRAITE PIÉGÉE : PREMIÈRE RAISON D'UNE ROUE DE SECOURS

De nos jours, on ne compte plus assez de jeunes travailleurs pour payer les retraites, qui risquent, avec l'espérance de vie qui augmente sans cesse, de durer fort longtemps. «Si l'on attribuait à la population d'aujourd'hui la structure par âge qu'elle atteindra dans 20 ans, tout en conservant les règles fiscales et les engagements de dépenses actuels, les revenus fiscaux du Québec diminueraient de cinq milliards et les dépenses augmenteraient d'autant. Au total, le "trou budgétaire" d'origine démographique atteindrait donc plus de 10 milliards», écrivaient récemment les économistes Pierre Fortin, de l'UQAM, et Marc Van Audenrode, de l'Université Laval, tel que le rapportait Jonathan Trudel dans son reportage intitulé «Les années zéro», dans le magazine *L'actualité* du 15 mars 2005 (p. 26).

On le sait, même à 65 ans et plus, l'esprit est encore assez vif. Une retraite ne veut donc plus dire ne rien faire. Un professeur d'université peut, à sa retraite, donner des cours privés, devenir conférencier. Préparer une deuxième carrière devient donc une nécessité. La roue de secours est cette préparation obligatoire.

UNE AUTRE RAISON DE PRÉPARER SA ROUE DE SECOURS

Si, un jour, le patron devient insupportable, si ses exigences se révèlent impossibles à satisfaire, on a une roue de secours, une deuxième carrière déjà préparée. Au lieu de se retrouver coincé sous le joug d'un travail aussi inacceptable que nécessaire, on a trois atouts en main. On s'est préparé une deuxième carrière pour sa retraite. On peut quitter un emploi avant de se rendre malade, et la deuxième carrière devient une solution de rechange salutaire. Coincé, on peut même décider de prendre une retraite anticipée. Certes, les revenus de retraite seront moins importants, mais la deuxième carrière comblera le déficit.

Par exemple, si l'on a 40 % de son salaire mais 100 % de son temps pour faire autre chose, la situation ne s'annonce pas si mal. La sécurité n'est plus un objectif. Au contraire, elle peut nous affecter surtout si l'on s'en fait un impératif. C'est le nouvel ordre des choses depuis les changements technologiques.

À la fin de leurs traitements, tous les patients que j'ai traités pour un burnout se montraient plus curieux de ce qui se passaient autour d'eux, s'informaient, partageaient un repas avec d'autres qui réussissaient. Ils suivaient des cours sur la réussite, écoutaient des cassettes de motivation. Quand ils rencontraient des amis, ils les interrogeaient sur les façons dont ils avaient appris à réussir. Même en présence de personnes plutôt antipathiques, au lieu de s'arrêter à ce qui les énervait, ils prenaient le temps de les interroger sur le secret de leur réussite.

Il est possible de remplacer l'envie par la curiosité. Par exemple, au lieu de se dire que telle personne réussit là où je n'y arrive pas, il est possible d'approcher cet individu et de lui demander comment il y est parvenu. Le réseau devient un outil important sur le chemin du succès.

LE BURNOUT N'EST PAS L'APANAGE
DES BOURREAUX DE TRAVAIL

Pour plusieurs auteurs, le burnout se rencontre chez les personnes qui ont travaillé jusqu'à l'épuisement. Ce serait des perfectionnistes et des bourreaux de travail. Mais nul n'est besoin de toutes ces qualités (sont-ce vraiment des qualités?) pour faire un burnout. Toute personne peut craquer selon ce qu'on lui met sur le dos. Le burnout est un syndrome qui survient en réponse à l'incapacité à contrôler un stress chronique, tel qu'il est défini par Herbert J. Freudenberger (réf. : Freudenberger, Herbert J., et Geraldine Richelson, *The Melancholia of High Achievement*, Anchor Press, 1980). Toutefois, la psychiatrie met en doute cette affirmation. Particulièrement le Dr Yves Lamontagne, dans son livre sur la crise de la mi-carrière (*La mi-carrière, problèmes et solutions*, Guy St-Jean Éditeur, 1995). Ce spécialiste nous dit qu'il s'est rendu compte que ce n'est pas parce qu'on est très bon qu'on craque. Certaines personnes sont capables de très bien fonctionner avec des tâches très lourdes, sans jamais craquer. C'est un point de vue que nous partageons entièrement.

Cependant, il faut avouer que l'expérience clinique, les évaluations et même les traitements nous enseignent que la lourdeur des tâches peut créer un milieu propice à l'éclosion de burnout.

LES SIGNES DU BURNOUT

L'individu souffrant de burnout commence par démontrer de la tristesse. Il se sent fatigué après avoir effectué un travail qu'il considérait avant comme facile. Sa performance s'atténue de plus en plus et son attitude vis-à-vis du travail change. Il finit par développer toutes sortes de maladies qui forcent parfois une retraite prématurée. Paradoxalement, cette retraite peut se révéler une solution, si elle est bien organisée.

LES PRÉJUGÉS

- *Le burnout arrive brutalement.*
  Faux : Il y a toujours une période d'incubation lente, avec problèmes sous-jacents, issue d'une insatisfaction lente et dormante.

- *Ceux qui œuvrent en relation d'aide font plus de burnouts.*
  Faux : Ce n'est pas forcément vrai. Un travail de relation d'aide bien mené peut très bien se faire sans épuisement et sans burnout. Par exemple, mère Teresa n'a pas fait de burnout.

- *Ce sont les bons employés qui craquent.*
  Faux : Il n'est pas nécessaire de sacrifier sa santé pour être un bon employé.

Les symptômes décrits ci-dessus iront en s'aggravant, comme le souligne toujours le Dr Lamontagne dans son livre.

Un autre indice suggérant qu'il s'agit bien d'un burn-out est que la personne fonctionne relativement bien à la maison. Mais il suffit qu'elle rencontre un collègue de travail pour que tout s'aggrave. Un exemple typique : on avait conseillé à un psychologue de revenir doucement au bureau, ne serait-ce que pour soigner ses poissons rouges au début. En voyant la secrétaire, le bureau, les télécopieurs, il s'est mis à vomir sur le bureau de la secrétaire.

L'attitude de l'individu changera soit de manière radicale, soit par amplification d'un comportement antérieur. Ainsi, quelqu'un qui a toujours été avenant et entreprenant peut devenir passif. Un autre qui était un peu soupe au lait peut devenir carrément irascible sous l'effet d'un burnout. Nous avions toujours pensé que la personnalité d'un individu ne changeait pas. Mais les tests de personnalité démontrent qu'une personne en burnout est plus dépendante qu'elle ne l'était avant d'être atteinte.

Les signes précurseurs chez une personne qui était performante se traduiront par de la lenteur, des retards et des absences non motivés. Il faut évidemment distinguer une personne en burnout d'une autre ayant toujours affiché une incompétence chronique et ayant toujours été traînarde et apathique.

Le rendement finira par se détériorer complètement pour se traduire par une apathie, un manque de ressource et une incapacité à faire face. Des tests sont prévus pour déterminer cet état. L'un d'eux détectera la froideur émotionnelle d'un individu, comme dans les cas de stress post-traumatique. Cet individu a ce qu'on nomme dans le jargon du métier, un affect plat. Rien ne lui fait absolument rien. Il devient plus froid et plus insensible. Puis, il commence à s'accuser, et son estime de soi diminue. Il souffre de découragements et quand, tous les jours, la tristesse est jumelée à un manque d'intérêt, c'est la dépression majeure. Alors des symptômes physiques risquent de se manifester.

La dépression majeure est liée à une diminution des défenses immunitaires de l'organisme. On verra apparaître des infections à répétition, comme des rhumes, des grippes, etc. Le tout s'accompagnera parfois de douleurs chroniques. Après avoir consulté plusieurs médecins qui ne détecteront rien d'anormal sur le plan physique, il se peut même que notre ami malade voit ses prestations d'assurance-emploi coupées parce que, justement, on ne lui trouve rien.

LES SIGNES D'UN BURNOUT

- Tristesse
- Performances diminuées
- Modification de l'attitude vis-à-vis du travail
- Apparition de maladies psychosomatiques
- Fonctionnement quasi normal à la maison, difficile au travail
- Modification de l'attitude envers les autres
- Lenteur, retards et absences non motivés
- Apathie, manque de ressource
- Baisse de l'estime de soi

GARE AUX CONSÉQUENCES DU BURNOUT

Les conséquences d'un burnout sur la vie d'un individu peuvent se révéler désastreuses. Et les institutions dont dépend la personne atteinte en sont généralement responsables. Il faut bien se rendre compte que le burnout n'est pas un diagnostic médical. Si un médecin aussi naïf qu'inexpérimenté fait sur la feuille de diagnostic d'un employé la mention «burnout», cet employé ne sera jamais payé. Ou bien un individu souffre d'une maladie physique ou bien il est atteint d'une maladie psychiatrique. Toutes les maladies psychiatriques sont censées se trouver colligées et codifiées dans le *DSM-IV*.

Au départ, le médecin peut être tenté de donner quelques jours de vacances à l'employé, espérant qu'il récupérera assez pour pouvoir revenir au travail en forme. Lorsqu'il s'agit réellement d'un burnout, cette solution seule ne réglera pas le problème. Quand l'employé aura épuisé sa réserve de jours de maladie, et souvent aussi celle de jours de congé, il devra faire des démarches auprès d'un assureur. Les problèmes commenceront alors. L'individu se verra contraint de négocier sa condition avec une personne qui ne le connaît pas du tout. Compte tenu de l'augmentation fulgurante des demandes d'indemnisation de tout ordre, les compagnies d'assurances ont établi des stratégies pour limiter leurs dépenses au minimum.

De plus, à chaque révolution correspond sa contre-révolution. Pendant que toute la planète tend à s'ajuster au cyberespace, certaines compagnies d'assurances reviennent aux vérifications et contre-vérifications et au taylorisme, cette gestion stricte et rigoureuse de la répartition des tâches au travail, comme dans la chaîne de montage en usine, instaurée par Henry Ford au début du siècle dernier. On a parfois exigé que des travailleurs sociaux notent tous les actes qu'ils font en relation d'aide au cours d'une journée. Ces contrôles, au lieu d'aider les gens, les font craquer davantage.

HÔPITAL OU NON?

Un autre élément doit être pris en compte. On a beaucoup critiqué les hospitalisations en instituts psychiatriques. Il n'empêche qu'il y avait de très bons hôpitaux avec d'excellentes ressources, des groupes thérapeutiques et la possibilité d'une évaluation médicale dès que se présentait un problème. Les patients pouvaient aussi y bénéficier aussi souvent que nécessaire d'ateliers thérapeutiques, d'art-thérapie, de pratiques sportives, de psychothérapies trois fois par semaine, etc. La privation de la liberté se révélait aussi une très forte motivation à sortir de l'hôpital. De nos jours, les gens restent chez eux à se détériorer. On trouve donc beaucoup de gens malades et peu motivés à s'en sortir.

Un médecin étranger me racontait que, dans son pays, les dépressions ne duraient pas très longtemps. On soumettait systématiquement les personnes malades à des séances d'électrochocs, ce qui avait comme conséquence immédiate de faire fuir les faux malades... Évidemment, nous n'en sommes plus là, mais l'anecdote est savoureuse.

ANONYMAT

Dans l'ensemble, les compagnies d'assurances sont relativement dépassées. Elles ne connaissent pas l'individu, si ce n'est que comme une personne qui a payé ses primes. Elles ne savent absolument rien des services que leurs clients ont rendus à leurs employeurs. Très tôt, ces compagnies exigeront que le malade passe une expertise afin d'éviter tout dérapage dans la médication et en souhaitant que l'employé en dépression retourne au travail le plus rapidement possible. Il est vrai que leur façon de voir est sans doute motivée par les nombreux abus dont elles sont parfois victimes.

Ces expertises psychiatriques exigeront de passer au crible tout le vécu du patient, de sa naissance à ce jour. Pour plusieurs, il s'agit d'un traumatisme supplémentaire que de devoir révéler ainsi tout son passé. La personne est mal à l'aise de devoir ainsi déshabiller son existence devant un inconnu et révéler des éléments qu'elle cache habituellement, que l'on pense à un casier judiciaire, à des attouchements sexuels, à l'inceste, à une période de consommation de drogue, à des actes peu recommandés dans un CV pour payer sa dépendance : danser nu, se prostituer, etc. Il s'agit d'un véritable dilemme. Si la personne tente de cacher certains pans de sa vie, l'expert-psychiatre s'en rendra compte rapidement et notera dans son rapport : *le patient ne collabore pas*, une phrase qui risque de mettre automatiquement fin aux prestations de maladie. Si le patient collabore bien, il conservera toujours la crainte de voir certaines observations du psychiatre se retrouver sur le bureau de son patron (voir Annexe II : *Guérilla entre assureurs et assurés : tactiques abusives*).

UNE AUTRE BAISSE DE L'ESTIME DE SOI
Les refus répétés d'indemnisation et les demandes de contre-expertises en viendront à ce que le malade se voie considéré comme un fraudeur. Ce sentiment ne contribue certes pas à remonter une estime de soi déjà

bien hypothéquée. Comme le burnout n'est pas catégorisé dans la nomenclature diagnostique, la possibilité de se voir retirer ses prestations est bien présente. Certains dont les symptômes ne correspondent pas point pour point aux critères diagnostiques et les situent dans une zone grise se retrouvent en bien fâcheuse position.

Plusieurs de ces personnes peuvent souffrir d'un syndrome anxio-dépressif, dont on ne retrouve les spécifications que dans les annexes du *DSM-IV*. La plupart des médecins ignorent ces annexes et placent le patient dans la catégorie des «souffrant de troubles d'adaptation avec humeur anxieuse ou dépressive», ce qui ne donne pas lieu à plus de six semaines de congé, ou dans celle des «atteints d'une dépression majeure», ce qui donne droit à plusieurs mois de congé.

CONSEILS
Toute personne souffrant de burnout ou de dépression doit se rendre compte qu'elle devra entreprendre une thérapie active. Si elle décide de rester chez elle, de prendre des vitamines et des oméga-3, les assurances lui couperont bien vite les subsides, car les spécialistes considèrent que des médicaments antidépresseurs et une psychothérapie ramèneront plus rapidement la personne au travail que toutes ses tentatives d'autoguérison.

Les thérapies behaviorales-cognitives sont les plus reconnues, et très à la mode de nos jours ; plusieurs thérapeutes emploient le terme sans pour autant administrer effectivement ces thérapies. Le patient doit savoir que toute thérapie qui n'implique pas des devoirs à faire à la maison sous forme d'exercices ou autres n'est pas une thérapie behaviorale-cognitive. Voici donc le premier conseil, veillez à ce que vos traitements soient actifs.

Deuxième conseil, il n'est pas question de vacances et encore moins de voyage durant votre congé de maladie. Il serait illogique d'être trop malade pour travailler, mais pas assez pour partir en vacances. Les compagnies d'assurances croient en effet que si l'on peut voyager, c'est qu'on peut travailler.

Troisième conseil, si vous consultez un expert, il est très important de lui révéler les circonstances qui ont amené cette maladie et de lui faire une description détaillée des symptômes avec des exemples concrets. Toutefois, tout le discours ne doit pas uniquement être focalisé là-dessus. Il ne faut pas oublier de parler de ses émotions. Dire à un psychiatre que vous êtes déprimé et anxieux n'est pas suffisant. D'abord, c'est le travail du psychiatre de diagnostiquer si, effectivement, vous souffrez d'anxiété ou de dépression. Il lui faut des exemples concrets de la façon dont l'anxiété ou la dépression se manifeste chez vous. Lui dire qu'on souffre d'insomnie n'est pas suffisant. Il faut arriver avec des données un peu plus précises. Par exemple, comment s'est déroulé votre sommeil la nuit dernière? la nuit d'avant? etc.

Certaines insomnies sont des insomnies d'endormisse-ment (difficulté à s'endormir), d'autres de réveil (on se réveille trop tôt et on ne peut plus se rendormir) ou de réveil en milieu de nuit, avec difficulté à se rendormir. Plus la description des symptômes est précise, meilleures sont les chances d'obtenir un diagnostic qui reflète vrai-ment sa situation. Si, malgré tout, le diagnostic de l'ex-pert ne vous semble pas juste, vous pouvez toujours demander une contre-expertise. Malheureusement, celle-ci sera à vos frais et c'est généralement assez coûteux.

L'EXPERT A TOUJOURS RAISON

Bien des gens, sinon la majorité, ignorent qu'en in-demnisation, c'est toujours l'opinion de l'expert qui prévaut. Par exemple, l'expert-psychiatre recommande un retour au travail. Il se peut que lors d'une visite régulière, votre médecin traitant ou votre psychologue vous dise que vous n'êtes pas prêt, que vous devez pren-dre encore quelques semaines de congé de maladie. Cette opinion a peu de poids dans le processus d'éva-luation de votre capacité ou non à retourner au travail. À partir de l'opinion de l'expert, vos indemnisations pourront être suspendues et vous serez tenu de rentrer au travail. Seule l'opinion d'un autre expert (une contre-expertise) présentée par un avocat devant un tribunal pourra renverser la décision du premier expert. Mais cela peut coûter très cher, plusieurs milliers de dollars. Si l'on juge qu'on a des raisons majeures et valables, soit parce qu'on n'a pas réagi à la médication soit parce que sont survenus de nouveaux éléments, il est important de les faire noter clairement par le médecin traitant. L'expert pourra alors modifier son opinion selon ces nouveaux facteurs. Seuls de nouveaux faits permettront une réévaluation de l'expertise. Des arguments comme : «Je vais attendre que tout soit réglé» ou «Je ne me sens pas prêt» ou encore «Je ne me sens pas suffisamment bien pour rentrer au travail» ne sont absolument pas acceptables. Il faut aussi savoir que les rapports de l'expertise appartiennent à ceux qui les ont payés. Dans bien des cas, on acceptera d'en envoyer une copie à votre médecin traitant.

CONSÉQUENCES POSSIBLES D'UN BURNOUT NON TRAITÉ

Sur les plans physique et psychologique
- Dépression majeure
- Maladies psychosomatiques
- Maladies physiques
- Hospitalisation
- Suicide

Sur le plan économique
- Perte de revenus
- Perte des prestations d'assurance
- Faillite

CONSEILS POUR VOTRE ENTREVUE
AVEC L'EXPERT

Le rendez-vous avec l'expert est de toute première importance. Nous y reviendrons plus en détail dans le prochain chapitre. Nous pouvons quand même dire ici qu'être honnête et le plus précis possible dans la description de ses symptômes offre les meilleures armes.

Certains diront à l'expert-psychiatre : «Je suis en burnout, vous ne devez me questionner que sur ce qui concerne mon travail.» Il s'agit là d'une bien mauvaise attitude.

Certains préféreraient certes que leur passé soit oublié à jamais, mais ce ne sera jamais le cas. Une expertise psychiatrique doit comprendre une histoire complète. Les assureurs cherchent à conclure que le trouble dont souffre le patient est antérieur à son travail et donc qu'ils n'ont pas à l'indemniser comme victime d'une maladie due à son emploi.

J'ai personnellement effectué de très nombreuses expertises et je peux vous affirmer qu'il arrive qu'un incident ou une situation au travail ravive des traumatismes anciens. Il se peut alors que tout le stress des abus subis réapparaisse. Ces gens n'en sont pas moins malades et ils ont tout autant le droit que d'autres d'être traités et soutenus.

Par exemple, une remarque légèrement sexiste d'un nouveau collègue en présence de la patronne de l'entreprise déclenche un état de dépression injustifié, à première vue, chez une employée. L'expertise nous révélera que la dame en question, qui est maintenant âgée d'une cinquantaine d'années, a été abusée sexuellement par son père lorsqu'elle était jeune et que sa mère ne l'avait ni protégée ni défendue. Lorsque le collègue a lancé ces propos, harcelant sexuellement la patiente, elle a revécu émotivement et inconsciemment les abus paternels en présence d'une mère non protectrice (voir Annexe IV: *Burnout dans la cinquantaine comme réactivation d'abus subis au cours de l'enfance*). À la lumière de l'expertise, on comprend que le traumatisme et son ampleur étaient tout à fait justifiés. D'ailleurs, les nouvelles dispositions sur le harcèlement psychologique au travail (1er juin 2004) expliquent bien que l'action n'est pas la seule à compter, mais que la manière dont cette action a été perçue joue aussi un rôle (voir Annexe V: *Le harcèlement en milieu de travail*).

LES CAUSES DE L'ÉPUISEMENT

Bien sûr, pour certains les causes de l'épuisement sont liées à la difficulté à s'adapter à la société actuelle et future; ceux-ci seront plus susceptibles d'éprouver des problèmes liés au burnout. Mais on parle aussi de ceux qui ne savent pas s'arrêter dans la vie. D'autres sont pris avec des problèmes d'achats excessifs ou de niveaux de vie trop élevés, faisant en sorte qu'ils se sentent obligés de travailler de plus en plus pour payer de plus en plus. Pour diverses raisons, d'autres encore ne prennent pas le temps d'écouter leur conjoint ou de se faire écouter de celui-ci. Le premier point consiste donc à acquérir une saine hygiène de vie sur les plans émotif, social et professionnel.

On connaît aussi des compulsifs du travail. Ceux-ci pensent que plus on travaille, mieux c'est. Car si le travail peut apporter des revenus, il peut aussi servir de moyen pour oublier ses problèmes réels et constituer une forme d'évasion. Même si ces gens deviennent moins productifs et ont de plus en plus de difficulté à se concentrer, dès que leur état se détériore ou lors de période de stress, ils compensent en travaillant plus longtemps. Bien souvent, ils créeront un surcroît de tension difficile à supporter par les confrères. Ainsi, on apprend que travailler plus n'est pas toujours la solution.

Certaines personnes vont effectuer un travail pour lequel les compétences requises vont au-delà de leur formation. Il arrive souvent qu'un employé, à force d'expérience acquise au fil des ans, en finisse par effectuer les tâches d'un ingénieur, même s'il n'en a pas la formation. De tels employés se sentent toujours obligés d'en faire plus pour prouver qu'ils en sont capables, même s'ils n'ont pas le diplôme requis. De plus, ils se sentent continuellement en état d'insécurité, au cas où un problème inhabituel exigerait des connaissances qu'ils ne possèdent pas. Surplus de travail et peur de se tromper sont épuisants à la longue.

Il faut avouer que, de nos jours, le travail exige de grandes capacités d'adaptation. Les modes de gestion changent, l'informatisation modifie les façons de faire et les récessions accompagnées de coupures de postes apportent une insécurité certaine.

Voici un traitement effectué avec une travailleuse d'une grande société de téléphonie. La femme dans la trentaine avait développé une capacité hors du commun : elle connaissait par cœur tous les tarifs interurbains. Son talent était fort apprécié de ses collègues qui la consultaient à tout bout de champ, afin de connaître tel ou tel tarif. Vingt ans plus tard, avec l'arrivée de l'informatique et la concurrence qui augmentait entre les entreprises de téléphonie, les tarifs se mirent à changer fréquemment. La meilleure du bureau n'était plus celle qui connaissait tous les tarifs — cela était devenu impossible —, mais plutôt celle qui savait manipuler le plus efficacement l'ordinateur pour avoir accès aux tarifs en vigueur.

Je lui ai suggéré de s'acheter un ordinateur et d'apprendre à s'en servir, puis à y entrer les données qui l'intéressaient. Elle a choisi les recettes de cuisine. Après s'être ainsi familiarisée avec l'informatique comme s'il s'agissait d'un jeu, le bureau ne lui semblait plus un endroit menaçant et stressant. Elle fut soulagée de voir que l'ordinateur répondait à ses questions.

Ceux qui ne connaissent pas le b. a.-ba de l'informatique sont les analphabètes d'aujourd'hui et encore plus de demain.

LES CAUSES DE L'ÉPUISEMENT

- Difficulté de s'adapter
- Besoins financiers hors contrôle
- Compulsion du travail
- Travail incompatible avec compétences
- Changement dans la nature du travail

L'IMPACT DE LA TECHNOLOGIE :
UN NOUVEAU DON, L'UBIQUITÉ

Aujourd'hui, la multiplication des moyens de communication fait en sorte qu'une personne peut être jointe partout et en tout temps. Téléphones, télécopieurs, téléphones cellulaires, ordinateurs portables et courriels font en sorte que l'on attend de vous que vous répondiez rapidement. On ne comprend pas qu'une personne à qui on a laissé un message vocal à son bureau, à son domicile et sur son cellulaire, et à qui on a envoyé en plus une télécopie et un courriel ne réponde pas dans les 24 heures. En devenant omniprésent en tout temps, l'être humain se rapproche-t-il de sa conception d'un Dieu qui est partout et toujours, ou se transforme-t-il en esclave relié à des boulets invisibles et imprévisibles ? La question mérite certes d'être posée.

LE BURNOUT : UNE MALADIE CONTAGIEUSE

Bien sûr, lorsqu'un individu quitte son poste pour cause de burnout, les autres employés doivent se répartir le travail normalement effectué par l'absent. Ce surcroît de travail est susceptible d'amener d'autres personnes à s'épuiser. Le burnout n'est pas contagieux, mais il y a des entreprises où les épuisements professionnels se succèdent en cascade.

VANITÉ DES VANITÉS

D'autres personnes affirmeront que, lorsqu'elles ont quitté leur emploi pour cause de burnout, le patron a dû embaucher trois personnes pour effectuer le travail qu'elles accomplissaient seules. On n'a jamais vu un patron devenir trois fois plus reconnaissant lorsqu'un tel employé revenait au travail et encore moins un patron qui, spontanément, triplait le salaire de cet employé *modèle* ! Il vaut donc mieux effectuer correctement le travail qui nous est assigné plutôt que d'en faire trois fois trop. Un dicton recommande sagement de ne pas donner plus que ce que le client demande.

On a vu aussi des personnes bipolaires qui, dans leur phase de manie, travaillaient rapidement, ne comptaient pas leurs heures et affichaient un rendement au-dessus de la moyenne. Si bien qu'elles arrivaient à se faire détester de plusieurs de leurs confrères qui les taxaient d'opportunistes, de «lécheux» de patrons, etc. Lorsque ces mêmes bipolaires tombent en phase dépressive, ils attirent cette fois sur eux l'ire des patrons, qui trouvent qu'ils traînent la patte et n'ont plus la motivation qu'ils devraient avoir. Bien sûr, ils n'ont pas non plus, durant cette phase, la sympathie de leurs confrères qu'ils se sont mis à dos durant la phase où ils produisaient plus et mieux qu'eux. Ces gens se retrouvent isolés, et souvent tout l'entourage professionnel, patrons, syndicat et autres employés, est heureux de les voir quitter leur emploi. Malheureusement, le bipolaire n'a pas reçu de traitement, et l'employeur a perdu un employé qui aurait pu continuer à bien le servir.

CONSEIL DU PSYCHIATRE AUX PATRONS

Si, au sein de votre entreprise, vous constatez que l'un de vos employés affiche un comportement qui ressemble à celui cité précédemment, il est bon que vous sachiez qu'il acceptera de voir un spécialiste lorsqu'il sera en phase dépressive, car il se sentira alors très malheureux. Dans le rapport que vous enverrez à l'expert, mentionnez-le. L'expert doit savoir que cet employé connaît des phases où il produit plus et mieux que la moyenne des autres. Ceci pourra aider le psychiatre consulté à explorer cette piste et à commencer un traitement, si cela se révèle nécessaire.

AUTRES TEMPS, AUTRES MŒURS

Il vaut mieux travailler en accord avec son époque. Les méthodes de l'ère industrielle sont en train de disparaître avec elle. Comme nous l'avons déjà souligné, il est fini le temps où une personne travaillait 25 ou 30 ans pour la même entreprise, recevait une montre en or et passait sa retraite à ne rien faire.

Au bord de l'autoroute 15, à une vingtaine de kilomètres au nord de Montréal, vous verrez un exemple éloquent de ce changement d'époque. Là où s'érigeait l'un des symboles les plus pertinents de l'ère industrielle ne reste plus qu'un grand champ désert. L'usine du géant General Motors est fermée, rasée. On s'y était entêté à fabriquer de grosses automobiles, modèles d'une autre époque. Si les fermetures et les mises à pied sont fréquentes dans ce type d'industrie, surtout avec ces modèles de gestion, ces catastrophes ne semblent pas toucher les entreprises plus modernes. On n'a jamais entendu dire que Bill Gates avait congédié 500 employés dans l'une de ses succursales. Les modèles changent.

Par exemple — comme cela s'est fait dans la Silicone Valley —, de nos jours, un employeur peut facilement s'accommoder d'un crack de l'informatique qui se défonce pendant six mois pour trouver le programme révolutionnaire, et qui prend ensuite six mois de vacances pour faire de la motocyclette. Un tel comportement ne peut cadrer avec les impératifs d'horaire de l'ère industrielle où tout le monde entre à 9 h et repart à 17 h. Les choses nouvelles se font de manière nouvelle. Les carcans du passé risquent bien d'étouffer ceux qui s'y accrochent.

TRAVAILLER À CONTRE-COURANT :
LE TEST DU JUS D'ORANGE

À l'impossible, nul n'est tenu. Bien des personnes, dans un ultime effort pour garder leur emploi, vont accepter des tâches impossibles à remplir dans le temps alloué. Ne pas être capable de dire honnêtement au patron que le travail exigé est faisable ou non équivaut à se préparer bien souvent pour un surmenage professionnel. Il faut être en mesure de bien décrire, de façon polie et respectueuse, ce qui est du domaine des possibilités ou non.

C'est ce qu'un auteur appelait le test du jus d'orange. Pour choisir un hôtel, un directeur de société demandait, avant de réserver, si l'hôtel pouvait offrir un jus d'orange fraîchement pressé à 100 de ses représentants le matin. Si l'hôtel répondait tout de go un oui définitif, il ne choisissait pas cet établissement. On y faisait des promesses impossibles à tenir. Si l'hôtel répondait non, c'est impossible, il n'optait pas plus pour ce choix. Il ne voulait pas d'un hôtel qui ne pouvait satisfaire ses clients. La bonne réponse consistait à dire : « Certainement monsieur. Nous trouverons un moyen de vous satisfaire. Il nous faudra engager du personnel supplémentaire pour presser toutes ces oranges, le prix du jus sera donc de tant. Nous pouvons aussi servir moitié jus fraîchement pressé, moitié jus concentré, ce qui vous fera économiser et ne coûtera que tant par verre. »

Quel hôtelier êtes-vous dans votre milieu de travail? Celui qui dit oui à tout, celui qui dit non, ou celui qui évalue correctement son potentiel? Il faut être en mesure de décrire la tâche et d'évaluer correctement le temps requis pour la remplir.

S'ENTÊTER À FAIRE COMME AVANT

Une autre façon de travailler à contre-courant est de le faire en période de récession de la même manière qu'en période d'opulence. Lorsque les temps deviennent plus difficiles sur le plan économique, il faut être en mesure de s'adapter et de travailler en conséquence. Il est évident qu'en période de récession, il sera impossible de compter sur les mêmes ressources qu'en période de croissance, d'avoir autant d'assistants ou les mêmes facilités.

Si on vous fournissait auparavant deux assistants, il est possible que désormais vous vous retrouviez seul. Il faut chercher des solutions de rechange et laisser plus de place à la créativité, plutôt que de s'entêter à vouloir faire comme avant.

LA FONTAINE DE JOUVENCE

On ne peut pas non plus nager à contre-courant au détriment de son propre corps. À 50 ans, le corps humain ne réagit pas de la même façon qu'à 20 ans. Il faut apprendre à s'économiser. À 20 ans, les jeunes soldats débarquent sur les plages pour conquérir le territoire en risquant de s'y faire tuer. À 50 ans, le général observe le débarquement avec ses jumelles et dicte ses ordres. La mi-carrière est l'âge idéal pour encadrer, enseigner ou superviser.

Une patiente ne voyait pas comment elle pourrait retourner au travail, tellement celui-ci l'épuisait. Il lui fut suggéré d'embaucher une stagiaire qui serait sur place cinq jours par semaine, pendant qu'elle-même s'y rendrait deux jours par semaine pour lui enseigner la tâche et pour la superviser. Le stratagème fonctionna à merveille lors de son retour progressif.

Autre facteur physique à surveiller : la mémoire. On pense, souvent à tort, que celle-ci diminue une fois la cinquantaine passée. En fait, il faut plutôt comprendre que la mémoire a accumulé beaucoup de données pendant 50 ans. Il est plus difficile d'y trouver de la place. Au lieu de s'apitoyer ou de maudire l'âge, il est tout à fait possible de se munir d'agenda de papier ou électronique, de bloc-notes, d'aide-mémoire, et de fonctionner tout aussi efficacement, sinon mieux, que celui qui ne se fie qu'à ses neurones.

«J'AURAIS VOULU ÊTRE UN ARTISTE...»
Le D\u02b3 Yves Lamontagne, dans son livre sur la mi-carrière, constate fort justement que l'une des raisons du burnout est que les gens oublient régulièrement l'importance de l'art et de la culture. C'est ici nager à contre-courant de sa créativité et la nier.

Bien des gens se sortent de problèmes psychologiques sévères en mettant à profit leur créativité. Par exemple, une jeune fille a pu se débarrasser de son grave et dangereux problème d'anorexie en commençant à peindre. Contrairement à ce qui est généralement admis, l'art est bien souvent plus rentable que les sciences comptables. Michael Dell, rappelons-le, fait aujourd'hui plus d'un million de dollars par jour pour avoir refusé d'écouter son père, qui lui conseillait de se trouver un travail stable plutôt que de jouer avec ses gadgets électroniques dans le garage.

TRAVAILLER À CONTRE-COURANT

- Accepter des tâches impossibles à réaliser
- S'entêter à faire les choses comme avant quand ce n'est plus possible
- Exiger de son corps de 50 ans qu'il fasse la même chose qu'à 20 ans
- Nier sa créativité

LA THÉRAPIE DU DON

L'une des façons les plus modernes et efficaces de fonctionner est de greffer des valeurs humaines à ses aptitudes. C'est ce que les motivateurs Deepak Chopra et John Gray nomment la loi du don. Non seulement utiliser ses aptitudes de manière rentable, mais en faire, à l'occasion, don à une autre personne est une façon efficace d'éviter le surmenage. Un certain bénévolat peut se révéler très gratifiant sur le plan de l'estime de soi.

NE PAS CHERCHER UN EMPLOI, CHERCHER À SERVIR

Non seulement l'emploi et la manière de travailler ont changé, mais la façon même d'envisager une recherche d'emploi doit évoluer. Autrefois (et cela ne fait pas tellement longtemps), un jeune se demandait où il désirait travailler: dans un centre hospitalier, dans un hôtel, dans une usine, etc. La question que toute personne devrait aujourd'hui se poser serait plutôt la suivante: dans le domaine que j'aime, existe-t-il un besoin de la société qui n'est pas comblé?

Prenons cet exemple du jeune graphiste très fier d'avoir acquis une imprimante capable de reproduire de très petits caractères. Afin de bien en montrer les possibilités, il avait imprimé ses cartes de visite dans des caractères ultra-petits. Or, sa clientèle, les personnes qui auraient pu avoir recours à ses services de graphiste, était composée majoritairement de personnes âgées de plus de 50 ans. À cet âge, la vue baisse...

ÊTES-VOUS DE TYPE A OU B?

Un jour, un réparateur de chaises rencontre le cardiologue pour qui il avait réparé des fauteuils. Il lui dit: «Docteur, comment se fait-il que toutes les chaises que vous me donnez à réparer ne soient usées que sur la partie avant du siège?» Cette réflexion piqua la curiosité du cardiologue, qui se mit à analyser le comportement des patients cardiaques qui le consultaient. Il s'est vite rendu compte que ceux-ci étaient toujours pressés, irrités d'être dans une salle d'attente et, surtout, focalisés sur la performance. Il les a nommés «comportement de type A» (Type A Behavior). Ces personnes avaient aussi peu d'affinités avec l'art et les valeurs humaines.

Ces personnalités sont des candidats de choix pour la crise cardiaque. Ils sont impatients, rapides et efficaces, ils ont peu de fantasmes et d'émotions, mais craquent aussi plus facilement. Finalement, on s'est rendu compte que ceux qui sont de type B, moins pressés, plus émotifs et plus rieurs, sont tout aussi rentables dans une entreprise.

Le degré de satisfaction au travail est un facteur déterminant. Les personnes satisfaites de leur emploi tombent moins souvent malades. Plus les insatisfactions augmentent, plus on se rapproche de l'épuisement professionnel.

LA PRÉVENTION
Le test est fort simple et ne comporte que deux questions : «Êtes-vous heureux au travail? Aimez-vous votre travail?» Un oui dans les deux cas éloigne du burnout.

À cet égard, il convient de connaître la notion de fluidité. Des chercheurs analysant le comportement d'un groupe de physiciens ont remarqué que certains d'entre eux pouvaient consacrer un grand nombre d'heures à leurs calculs et expériences sans sembler éprouver la moindre fatigue, ou du moins avec beaucoup moins de signes de fatigue que leurs confrères. Mihali Csikszentmihalyi est un psychologue qui a travaillé sur cette notion de fluidité (en anglais : *flow*). Il a démontré que lorsqu'une personne effectue un travail qui l'intéresse énormément, le temps passe rapidement et la fatigue ne l'atteint pas.

Sommes-nous bien dans ce que nous faisons? Sommes-nous au bon endroit? Occupons-nous le bon poste? La réponse est fort simple : si quelqu'un peut passer des heures à faire ce qu'il fait, sans se fatiguer, sans aucun effort, alors il est en parfaite fluidité avec ce qu'il fait. Dans ce cas, habituellement, cette personne est en train de faire ce qui est réellement adapté à sa personnalité.

LE PIÈGE DE LA SÉCURITÉ ÉMOTIVE

L'obsessionnel qui, une fois marié et ayant des enfants, fonctionne normalement, peut très bien se retrouver complètement désorganisé après un divorce et craquer. Le même phénomène s'observe chez certaines personnes dépendantes ou des individus schizoïdes qui perdent leurs familles. La personnalité peut donc entraîner le burnout. L'individu extraverti, qui a peu d'introspection, qui est plus axé sur l'action et qui enfouit ses émotions, risque davantage de manifester une tendance aux maladies physiques. Chez cet individu, la maladie n'apparaîtra pas sur un plan psychologique.

Il y a aussi le cas d'une femme en parfaite symbiose de pensée avec sa mère, et qui a sombré en profonde dépression après le décès de cette dernière.

LA PERSONNALITÉ
COMME FACTEUR DE RISQUE

Les personnes qui ont été battues ou abusées sexuellement durant leur enfance peuvent bien ou relativement bien fonctionner lorsqu'elles sont jeunes. Si elles sont appuyées, encouragées, motivées, elles peuvent même en arriver à oublier les traumatismes pourtant importants de leur enfance. Mais une fois le cap de la quarantaine passé, le moindre changement négatif peut les mener directement au surmenage.

Par exemple, un patron conciliant et appuyant son équipe s'en va. Le nouveau venu n'adopte pas la même attitude. Les employés carencés ou abusés durant leur enfance peuvent dès lors craquer et plonger en profond burnout.

On observe facilement cette tendance chez les femmes qui jouissent d'une belle apparence. La cinquantaine passée, les patrons deviennent plus indifférents à des atours qui ont tendance à se flétrir. Une femme peut alors se sentir rejetée, invalidée et inapte.

Nous rencontrons aussi des cas comme celui d'une infirmière à qui l'on avait suggéré de prendre sa retraite à 55 ans. Elle se sentit très déprimée. On aurait plutôt dû lui présenter la situation autrement. Arrivée à cet âge, avec son niveau de compétence et d'expérience, elle était toute désignée pour œuvrer dans le secteur privé où ses compétences seraient reconnues et rémunérées à leur juste valeur.

L'étiquetage est important. Souvent, les personnes qui ont été abusées ou battues réagissent avec force à une réactivation du stress qu'elles ont subi il y a long-temps. Elles afficheront alors des troubles dissociatifs, ce qui confirme le diagnostic.

Dans la dissociation, soit la personne estime que le réel autour d'elle n'existe pas, soit elle a la sensation de sortir de son corps. Ou encore, elle perd de grands pans de sa mémoire ; par exemple, elle ne se souvient plus du tout de son adolescence.

Ce type de problème est en général bien mal diag-nostiqué par les médecins, qui reçoivent peu d'infor-mation sur le sujet. Les compagnies pharmaceutiques sont surtout intéressées par la dépression et les troubles de l'anxiété, des domaines où elles interviennent.

L'exemple type nous montre une employée qui n'a jamais eu de problèmes. Un jour, un collègue lui adresse un compliment sur sa tenue vestimentaire, remarque qui lui rappelle celle que son père abuseur lui adressait lorsqu'elle était une fillette. Immédiatement, elle porte plainte contre ce collègue pour harcèlement sexuel. Les juges n'y voient pas de véritable harcèlement et le collègue est innocenté. Les douleurs vécues dans son enfance vont se raviver et des phénomènes dissociatifs risquent de se manifester chez cette femme.

Comme ces troubles de la dissociation se rapprochent sur le plan clinique des problèmes de personnalité multiple, en consultation, il peut arriver que la personne semble tout à fait normale. Freud avait prévu cette éventualité dans ce qu'il appelait «la belle indifférence de certaines hystériques». Donc, une personne peut présenter à l'expert un comportement normal tout en ayant d'énormes problèmes.

«DOCTEUR, J'AI MAL!»

De nos jours, on rencontre souvent des manifestations de douleurs physiques auxquelles les médecins ne trouvent aucune cause physiologique démontrable. Une personne prétend ressentir des douleurs à l'épaule, qui font en sorte qu'elle ne peut plus lever des marchandises quelconques. Rappelons-nous le cas de l'agente de bord cité en début d'ouvrage. Tous les examens physiques sont négatifs. On ne trouve aucune cause physique à cette douleur. Un tel patient ira de frustration en frustration, tant qu'on ne se rendra pas compte d'un trouble de dissociation. Trouble par lequel la personne ne peut cerner efficacement ce qui se passe dans son corps et qui est à l'origine de sa douleur. La dissociation peut se manifester bien différemment d'une personne à une autre.

LE TRAVAIL CHANGE

Nous nous sommes aperçus que la charge de travail avait augmenté en 2000 par rapport à 1991 ; les burnouts surviennent plus tôt, les gens de 40 à 50 ans sont plus touchés que ceux de 51 à 60 ans, et les troubles liés à la dépression, au burnout et à l'anxiété au travail sont désormais situés à 15 % de ceux qui consultent médicalement. Et la tendance est à l'augmentation.

Chaque individu possède ses propres limites en ce qui concerne la nouveauté ou la routine. Comme déjà mentionné, trop de changement peut être dommageable et pas assez de changement peut créer un ennui tout aussi néfaste. Un emploi sans possibilité d'avancement peut mener au burnout, simplement parce que l'être humain aime toujours croître. Ce qu'on appelle «un job à vie» peut aussi devenir une... sentence à vie.

Voyons cet exemple de l'employé payé pour mettre du charbon dans la fournaise. Un jour, la compagnie se débarrassa de la vieille fournaise et la remplaça par un système électrique. À l'employé qui ne savait rien faire d'autre, on confia la tâche de surveiller la nouvelle fournaise et d'alerter la direction si jamais elle cessait de

fonctionner. Comme il ne lui restait que quelques années avant la retraite, on ne voulait pas le congédier.
Notre homme fit une dépression majeure. Félix Leclerc
disait dans l'une de ses chansons: *la meilleure façon de
tuer un homme c'est de le payer à ne rien faire*.

En résumé, une insécurité constante peut mener au
burnout, mais une permanence assurée sans possibilité
de croissance est tout aussi néfaste.

UN JARDINIER SANS OUTIL

Un chercheur en biologie de grand renom fut pressenti
pour se joindre à une équipe qui désirait ouvrir un nouveau service de recherche et d'enseignement dans une
université. Évidemment, les fondateurs de cette nouvelle faculté voulaient que la crédibilité de ce professeur
les aide à obtenir une autorisation d'ouverture. Mais,
une fois le service ouvert, le professeur fut laissé en plan.
Il demandait un laboratoire avec certains appareils
spéciaux pour poursuivre ses recherches. On décida plutôt d'investir les subventions du service dans d'autres
secteurs. De plus, on confia à ce professeur, pourtant ha-
bitué à travailler en laboratoire, une tâche en sciences
humaines pour laquelle il n'était pas préparé. Son évaluation des professeurs et même des élèves était insatis-
faisante, lui qui avait connu la notoriété. Le professeur
placé dans de telles conditions où il ne pouvait plus agir
sombra dans le burnout. Il finit même par mourir peu de
temps après d'un infarctus du myocarde.

GARE À LA PROSTITUTION INTELLECTUELLE

Comme nous l'avons vu, de nombreuses circonstances peuvent mener au burnout. Il est toujours possible de se prostituer physiquement ou intellectuellement pour garder à tout prix un emploi, parce qu'on a des enfants aux études, parce qu'on ne veut pas perdre la maison ou le chalet, mais à la longue, la route est de plus en plus difficile à suivre et la démotivation gagne du terrain, jusqu'au jour où l'individu craque.

LA LOI EST DURE, MAIS C'EST LA LOI

Autre phénomène récurrent, celui d'une entreprise qui ferme ses portes. Souvent, des personnes de 50 ans et plus, extrêmement compétentes, sont congédiées. Elles se retrouvent dans un marché du travail occupé par des jeunes pouvant offrir des services semblables à moindre coût. Un comptable avec 30 ans d'expérience peut être obligé d'accepter une perte importante de revenus pour retrouver du travail. Bien des travailleurs éprouvent de la difficulté à admettre ces nouvelles lois du marché et entreprennent une nouvelle carrière avec l'impression d'être sous-payés. Il faut comprendre que la paie n'est pas toujours directement liée à la valeur et à la compétence personnelles. De là, l'importance de s'être prémuni d'une roue de secours, comme nous l'avons vu précédemment.

« TU ME RENDRAS FOU ! »

Dans les années 60 et 70, des personnes de l'entourage de Margaret Mead et d'autres chercheurs en communication du Mental Research Institute, en Californie, considé-raient qu'on pouvait rendre des gens malades sur un plan psychiatrique, et que les parents pouvaient rendre leurs enfants malades de la même façon. La manière d'y arriver est fort simple : on utilise la double contrainte (en an-glais : *double bind*). Voyons comment cela peut se traduire dans le monde du travail.

Prenons l'exemple de l'employé à qui l'on fait une évaluation excellente, avec 100 % à chaque point. Mais dans les faits, on lui refuse toujours les outils pour tra-vailler adéquatement. Quand l'employé essaie de verbaliser cette contradiction, on le réduit au silence en lui disant : «Comment oses-tu te plaindre!» La double contrainte correspond à donner un message verbal ou écrit en contradiction avec les actes et une interdiction formelle de dénoncer cette contradiction.

On pourrait aussi vous demander d'effectuer un tra-vail avec brio, mais sans vous fournir les outils pour le faire. Si vous dites : «Je veux bien atteindre l'excellence, mais donnez-moi les outils pour y arriver», on vous fera vite comprendre que vous êtes un employé exigeant, voire un mauvais employé. Une autre subtilité consiste à vanter un employé pour son expérience et sa maturité, et à augmenter sa charge de travail, à lui donner des tâches qu'il n'aime pas, en somme à faire en sorte de provoquer sa démission afin de le remplacer par un em-ployé plus jeune et moins cher. La double contrainte est un moyen de choix pour provoquer un burnout, et c'est une manœuvre pas toujours facile à reconnaître.

DEHORS, LES 55 ANS ET PLUS!

En résumé, au milieu des années 60, les grandes entreprises nous faisaient miroiter la retraite à 65 ans comme gage d'un avenir paisible et heureux. Il faut admettre que la donne a bien changé. Il convient de rappeler qu'avec la dénatalité, le nombre de jeunes qui entrent sur le marché du travail pour payer la retraite des *baby-boomers* qui en sortent par dizaines de milliers est en nette régression. Autre facteur à considérer : l'espérance de vie ; on meurt de plus en plus vieux. Une personne qui prend sa retraite à 65 ans aujourd'hui peut aisément connaître 15, 20, voire 30 ans de vie de retraité. Si l'on considère qu'un professionnel commence sa vie active à l'âge de 25 ans et que durant les 20 premières années de sa pratique, il investira ses gains dans ses enfants, sa maison, etc., il ne lui reste plus que 20 ans pour amasser suffisamment d'argent pour assurer ses 30 ans de retraite. Financièrement, le défi n'est pas à la portée de toutes les bourses. Il vaut mieux se préparer une deuxième carrière.

Finalement, une société qui encourage la mise à la retraite de ses employés âgés de 55 ans et plus se prive de l'expérience et de la sagesse des aînés dans le monde du travail. Une infirmière avec 30 ans d'expérience risque peu de paniquer devant l'arrivée, en salle d'urgence, d'un patient atteint d'une maladie rare. Elle saura comment réagir et orchestrer le travail autour d'elle pour gérer avec efficacité et sécurité la situation. Dans un cas semblable, une telle employée est une perle rare, absolument nécessaire. Mais notre gouvernement bien décidé à atteindre le déficit zéro, et surtout avec un tel objectif financier seriné haut et fort, a forcé la mise à la retraite de milliers de ces infirmières et médecins. En catimini, il réembauche, aujourd'hui, celles et ceux qui veulent bien revenir pour des salaires plus élevés. C'est ce qu'on appelle avoir de la vision...

QUE FAIRE?

Tout le monde connaît l'histoire du verre à moitié vide ou à moitié plein. Même si le gouvernement ou les grandes entreprises licencient, les besoins de la société ne diminuent pas. Le secteur privé ou les petites entreprises seront toujours à la recherche de personnel. L'une des convictions les mieux ancrées chez les travailleurs est que le secteur privé offre des conditions moins intéressantes que le secteur public.

J'ai voulu moi-même m'assurer de la véracité de cette hypothèse. Je me suis donc rendu dans une clinique publique et j'ai fait passer un test de stress (test de Holmes[1]) aux employés qui s'y trouvaient. Le résultat

---

1. Si vous voulez évaluer votre niveau de stress, une version de ce test vous est proposée à l'Annexe VI : *Test de Holmes* (p. 133).

moyen a été de 258 points de stress. Sur cette échelle de stress, le chiffre 250 indique des probabilités de 80 % de risque qu'une maladie se déclare ; à 300, on est malade à coup sûr. J'ai soumis le personnel d'une clinique, entièrement privée cette fois, au même test : chez tous les employés interviewés, pratiquement aucun point de stress. J'ai ensuite rencontré le patron, qui gère plusieurs cliniques du même genre et a donc une grande responsabilité. Je lui ai fait passer le test. Aucun stress quantifiable. À vous de conclure où se trouvent les meilleures conditions de travail !

PROJETER LE BONHEUR

Certains sont emprisonnés dans leur succès. Dans leur profession, ils doivent sans cesse afficher l'image de la réussite. Le représentant pharmaceutique doit toujours projeter l'image d'un homme heureux, qui joue au golf avec des médecins influents — même s'il déteste le golf —, qui descend dans les grands hôtels et dînent dans les grands restaurants. Ces gens ne vivent pas vraiment leur vie, mais un modèle imposé de réussite.

LA RETRAITE NE TIENT PAS TOUJOURS SES PROMESSES

Plusieurs ont toujours considéré leur future retraite comme le jardin d'Éden de leur vie. La déception est amère : leur vie devient ennuyeuse, et la promiscuité avec le conjoint, 24 heures par jour, 365 jours par année, se transforme en source de tension, faisant risquer l'éclatement du couple à tout moment. Au fil du temps, la retraite idéale devient à peine supportable, puis tout à fait insupportable. La retraite à ne rien faire est un désastre. Ceux qui attendent la retraite pour ne rien faire se précipitent vers un gouffre.

MÊME LE DÉSIR SEXUEL BAISSE

Avec l'âge, force est de constater une baisse de la libido. Dans les années 70, les travaux de Masters et Johnson affirmaient le contraire ; toutefois, des recherches plus récentes démontrent que même en excellente condition physique, les personnes qui vieillissent souffrent d'une perte du désir sexuel. Après 75 ans, seuls 25 % des hommes sont capables d'une pénétration. Beaucoup d'hommes vivent cela comme une dévalorisation personnelle, notamment parce que cette difficulté érectile s'appelait autrefois impuissance. Pour compenser, certains deviendront des accros d'Internet ou même, dans certains cas extrêmes, des déviants sexuels.

UNE PERSONNE AVERTIE EN VAUT DEUX

Il faut donc commencer à préparer sa retraite longtemps à l'avance, et c'est au travail qu'on a le plus de chance de se trouver un emploi. Certains pensent, à tort, que lorsqu'on est sans emploi, on dispose de plus de temps pour se trouver quelque chose de bien. C'est vrai sur le plan du temps, mais on ne dispose plus des contacts et des infrastructures qu'offre le milieu du travail.

Il est souvent conseillé aux gens qui ont perdu ou quitté un emploi d'accepter un travail moins intéressant pour, une fois insérés dans le milieu, être mieux placés pour faire un repérage efficace. On peut aussi considérer les clients d'un nouvel emploi comme des clients potentiels si on désire fonder un jour sa propre entreprise. Toute la dynamique de la perception du travail change avec une telle optique.

Une étude a démontré qu'à la retraite on effectue les mêmes choses qu'avant, le travail en moins. Si, avant la retraite, une personne consacre 90 % de sa vie au travail et 10 % à ses loisirs, une fois retraitée, elle consacrera 10 % de son temps à ses loisirs et 90 % de son temps à ne savoir que faire. Voilà donc une autre raison pour bien comprendre l'importance de se préparer une deuxième carrière avant la retraite. À ce titre, citons l'exemple d'un groupe de professeurs d'université retraités qui viennent de faire la demande officielle d'offrir des services de consultation auprès de l'université qu'ils ont quittée.

TECHNIQUES DE GESTION DU STRESS
Au chapitre du quoi faire, soulignons l'importance des techniques de gestion du stress, comme la méditation, la relaxation, etc. Ces techniques peuvent être fort utiles pour s'épargner un burnout.

Les programmes de motivation bien faits, des lectures sur notre société actuelle et future (comme : Alvin

Toffler, *Le choc du futur* et *Les nouveaux pouvoirs* ; Nesbitt et Aburdene, *Megatrend 2000*; Faith Popcorn, *Le rapport Popcorn* et *Clicking*; Bill Gates, *The Road Ahead*) sont des atouts qui permettent à ceux qui s'y intéressent de rester en contact avec leur époque.

RÊVES D'ADOLESCENT

Un autre facteur important pour une retraite active est la capacité de revenir à ses passions, à ses rêves d'adolescent. Bien des retraités reprennent leurs études dans des sphères qu'ils auraient aimé explorer dans leur jeunesse. Il faut aussi reconnaître ses moments de fluidité, comme nous l'avons expliqué plus haut, et les provoquer.

CHAPITRE 2

L'entrevue avec l'expert

TRUCS ET CONSEILS

Toute personne en burnout ne peut espérer être payée indéfiniment sans qu'une expertise attestant sa maladie soit demandée. De manière générale, une première expertise sur le plan physique sera exigée et, si rien ne peut être diagnostiqué à cette étape, on se tournera alors vers l'expertise psychiatrique. Ce n'est guère surprenant lorsqu'on sait qu'en médecine générale, la moitié des problèmes décelés sont d'origine psychosomatique. De plus, pour certaines pathologies, comme les maux de dos ou les fibromyalgies, en cas de diagnostic contesté, les origines psychiatriques de ces manifestations sont souvent mises de l'avant. Souvenons-nous de l'exemple de l'agente de bord dont la douleur à l'épaule est, en fait, le résultat d'un burnout sous-jacent.

Dès ce moment, le sort du patient est lié au diagnostic prononcé par l'expert. Ce n'est pas anodin. Selon que le diagnostic est ou n'est pas favorable, la personne pourra avoir droit à des prestations ou non.

Un diagnostic défavorable en a acculé plus d'un à la misère, quelquefois même à la faillite. Il est donc impératif d'être bien informé avant cette étape cruciale pour l'avenir du patient. Si l'un de vos amis ou parents se retrouve dans cette situation, apportez-lui votre aide si son état émotif l'empêche de se renseigner convenablement. Certains avertissements, certains feux rouges, que vous devez connaître afin d'assurer votre protection contre une expertise qui vous serait néfaste, existent. Il ne s'agit pas ici de vous enseigner quoi dire ou ne pas dire lors d'une entrevue afin d'obtenir gain de cause, mais plutôt de vous donner des indices, de vous refiler des tuyaux, comme on dit communément, afin que vous puissiez obtenir une évaluation juste et précise.

PREMIER FEU ROUGE :
L'ORIENTATION DU PSYCHIATRE

Les psychiatres sont des êtres humains et, comme n'importe lequel de leurs semblables, il peut arriver que certains en viennent à avoir une vision déformée de leur travail. Qu'on le veuille ou non, certains individus dont le comportement n'est pas exemplaire sévissent dans tous les milieux. Et les pires «bandits» ont toujours une espèce de pensée irrationnelle qui justifie leur comportement.

Certains experts-psychiatres seront pro-employés, d'autres pro-patrons, d'autres encore pro-syndicats, c'est connu dans le milieu : tous savent qu'untel est plutôt du côté des patrons, que tel autre penche pour les syndicats, etc. Au fil des ans, certains ont en effet développé des mécanismes qui justifient leurs affinités.

Prenons l'exemple de certaines douleurs chroniques ; le patient doit comprendre que plus vite il va se remettre en activité, plus tôt les douleurs disparaîtront. Encore faut-il que le psychiatre prenne le temps de l'expliquer correctement au patient et lui fournisse des moyens pour atténuer cette douleur dès son retour au travail. Un retour brutal au travail risque plutôt d'aggraver la situation.

Si vous avez la chance de compter un avocat dans la famille ou parmi vos amis, demandez-lui de prendre des renseignements sur l'expert-psychiatre qu'on vous assigne. Est-il réputé pour être trop pro-patron, pro-employé, pro-syndicat ? Des plaintes ont-elles déjà été déposées contre lui ? En cas de doute raisonnable sur l'objectivité de l'expert qu'on vous propose, ou s'il a déjà connu dans le passé de graves manquements professionnels, il est possible de le récuser et de demander un autre expert. Celui que vous rencontrerez devra prendre tout son temps pour vous écouter.

En expertise, les psychiatres sont bien rémunérés ; ils doivent donc vous consacrer le temps nécessaire pour écouter votre histoire. Celui qui est trop expéditif ne vous sert pas forcément bien, même si, à première vue, vous préférez une entrevue de 20 minutes au lieu d'une heure. Plus il vous écoutera, meilleur sera son diagnostic, et mieux vous aurez été servi.

Ainsi, devant un psychiatre qui semble pressé en entrevue, lit votre dossier et vous pose question sur question dans le but évident de corroborer ce qui y est inscrit, dites-vous que cet expert n'est probablement pas celui qui vous aidera le plus. C'est d'autant plus vrai lorsque le patient n'a pas l'impression d'avoir été écouté avec attention.

DEUXIÈME FEU ROUGE : LE COURS DE LA MALADIE

Il faut comprendre que certaines maladies sont changeantes et peuvent être bien différentes selon le moment où elles sont diagnostiquées. De plus, ne perdez pas de vue que certains psychiatres hésiteront à se lancer dans de grandes explications psychanalytiques devant un juge s'ils se sont, dans le passé, vivement fait rabrouer pour ce motif. Il se peut que ces psychiatres aient depuis adopté une ligne pure et dure, qui peut s'énoncer ainsi : *tout ce que je ne vois pas n'existe pas*. Ces psychiatres ne se fieront qu'à l'examen mental. Donc, au moment de l'examen, si le patient ne présente pas de ralentissement psychomoteur, s'il ne délire pas, s'il ne montre aucune évidence de maladie, le diagnostic risque fort de pencher vers ce qu'ils appellent des «conditions subjectives».

Ouvrons une parenthèse pour rappeler ici que nous sommes en psychiatrie et qu'évaluer correctement la subjectivité du patient fait partie intégrante de notre travail, même si ce n'est pas évident pour tous les experts. Mais ceci est une autre histoire.

Le moment où une personne est évaluée fait changer la présentation de la maladie. Prenons ce jeune homme chez qui l'on avait décelé une dépression majeure dans un grand centre hospitalier. Un an plus tard, c'est à mon tour de l'évaluer, car il a fait une demande d'emploi dans une grande institution. Je le reçois donc. Il ne présente plus aucun signe de dépression. J'ai un doute et je pense que cet individu exagère sa normalité pour me faire croire qu'il ne reste aucune trace de sa dépression. Il parle même un peu plus vite que la normale. Sur la base de tests passés, un instant, j'ai pensé que cette personne pouvait être bipolaire, mais les indices étaient trop faibles pour que je puisse m'y fier. En tant que psychiatre, notre responsabilité est lourde et nous ne devons pas nuire à quiconque sur de vagues présomptions. Je me suis dit que la dépression n'était peut-être pas si grave finalement, ou encore que ce patient s'en est très bien rétabli. Je déclare donc cette personne apte. Quelques mois plus tard, le patient est ramené dans mon cabinet. Il a proféré, dans un état d'agitation, des menaces de mort envers des collègues. Là, le portrait était différent. Notre patient était un bipolaire, ou un maniaco-dépressif comme on disait autrefois. Le premier psychiatre qui l'avait évalué l'avait vu durant la phase dépression de la maladie. Pour ma part, ma première rencontre avec lui se situait au moment où il quittait cette phase pour entrer dans la période manie et, finalement, à ma deuxième rencontre, le patient était complètement en phase manie. Il s'est donc présenté sous trois aspects différents en étant pourtant la même personne.

TROISIÈME FEU ROUGE :
LA COULEUR DE L'ENVIRONNEMENT

Dans une édition précédente du *DSM-IV*, on ne parlait pas de dépression ou d'anxiété, mais plutôt de troubles de réaction dépressive ou de réaction anxieuse. Cette nomenclature mettait en évidence le rôle de l'environnement dans lequel la personne évolue. Elle agit en réaction à cet environnement et sa maladie évolue aussi en réaction au même milieu.

Souvent, dans les cas de surmenage, la personne se sent harcelée. Lorsque ce harcèlement est évident, il est rapidement démontré et le problème se règle. Par exemple, certains comportements comme tâter une fesse ou un sein d'une employée, la gifler ou lui faire constamment des propositions à caractère sexuel sont facilement reconnaissables et démontrables. Mais qu'en est-il si le harcèlement est plus subtil? Certaines personnes sont passées maître dans l'art de harceler sans que cela n'y paraisse trop.

Une employée est ainsi devenue tout à fait dépressive parce que son patron changeait ses conditions de travail. Elle avait toujours profité d'un horaire flexible : elle pouvait entrer au bureau à 9 h 30 pour en repartir à 17 h 30, afin de faire concorder son emploi du temps avec celui de la garderie pour son enfant. Mais un jour, le patron décida que tout le monde devait entrer à 9 h pour terminer à 17 h, finis les horaires flexibles. C'est une prérogative tout à fait juste du patron. Mais s'il répète ce manège sur 10 éléments différents, l'employée peut en être tout à fait chamboulée.

En fait, plusieurs personnes pourraient en développer un comportement paranoïde. Il y a cet autre employé qui, lorsqu'il accomplissait une bonne action ou effectuait une amélioration importante pour la compagnie, voyait le patron s'accaparer de la paternité du geste et passer sous silence sa contribution. Mais, lorsque ce même employé commettait une erreur, si minime fût-elle, le patron convoquait tout le personnel pour fustiger le fautif. Les spécialistes qui ont examiné cet employé lui ont tous trouvé un comportement paranoïde; le moins sévère mentionna : personnalité paranoïde. Le pauvre homme perdit son emploi et ne sut que plusieurs années plus tard qu'un tel diagnostic avait été établi en expertise. Essayez maintenant de vous trouver un emploi avec une telle étiquette!

Les nouvelles dispositions sur le harcèlement psychologique au travail inscrites à la Loi sur les normes du travail, adoptées en juin 2004, font figure de pionnières dans ce domaine. Ces ajouts à la loi indiquent que le geste est moins important que la perception du geste par la personne plaignante. Donc, dans l'évaluation d'un individu, il faut toujours prendre en considération que ce qu'il dit peut être vrai. Une personne âgée qui se plaint tout le temps que son fils lui vole son argent n'est pas paranoïaque quand effectivement il le lui vole...

QUATRIÈME FEU ROUGE :
LA PERSONNALITÉ PEUT CHANGER

Bien des personnes aimeraient entendre dire que la maladie mentale ne trouve son origine que dans la biologie du cerveau, dans l'héritage génétique et dans la chimie des neurones. Ce serait bien pratique pour le psychiatre qui, dès lors, pourrait se fier à des tests physiques. Ce serait aussi déculpabilisant pour les parents, les amis et le patient lui-même. Mais la vérité est beaucoup plus complexe que cela. La personnalité de l'individu entre aussi en ligne de compte. Une fois encore, cela se complique.

Pendant des années, nous avons cru que la personnalité d'un être était un trait immuable de la naissance au décès, mais nous commençons à nous apercevoir que la personnalité aussi peut changer. Par exemple, les personnes souffrant d'une personnalité limite (en anglais : *borderline*) garderont cette personnalité durant toute leur existence, mais elles ne l'avaient peut-être pas à la naissance. Ces individus souffrent d'un trouble de personnalité qui se traduit par une peur frénétique d'être abandonnés ou rejetés. Ils ont peu d'estime d'eux-mêmes et sont très sensibles aux changements dans leur environnement. Souvent, ils adoptent des comportements semblables en quelques points à ceux d'individus psychotiques. C'est pourquoi ce trouble de la personnalité a longtemps été considéré comme prépsychotique. De récentes études nous montrent que, dans plus de la moitié des cas, ces individus ont été battus ou sexuellement abusés dans leur enfance. On est donc loin de parler d'une personnalité qui existe depuis la naissance. Comme on le voit, les expériences de vie (surtout en bas âge) peuvent modifier la personnalité d'un individu.

Par ailleurs, saviez-vous que l'on peut rendre un individu paranoïde ? Le harcèlement peut rendre une personne paranoïde, et je l'ai souvent vu dans ma pratique. Si cette personne passait un test de personnalité à ce moment-là, il est presque sûr que celui-ci indiquerait une tendance à la paranoïa. Par contre, si le harcèlement cesse, la paranoïa cesse aussi.

L'EXODE INTERNE DES MÉDECINS
Depuis quelques années, on parle d'exode des médecins. Une mise au point s'impose sur le sujet. D'une part, il

faut détruire le mythe qui veut qu'au Québec tous les médecins soient bien rémunérés. S'il est vrai que les médecins ne descendent pas dans les rues pour crier leur mécontentement et ne font pas de grève, il ne faut pas croire pour autant qu'ils sont les plus choyés de la société. En fait, malgré ce que l'on entend souvent, peu de médecins quittent le Québec pour offrir leurs services là où ils seraient mieux rémunérés, dans les autres provinces ou aux États-Unis, par exemple. Au Québec, pas plus de 2 % des médecins songent à quitter la province pour offrir leurs services dans d'autres pays, selon *L'actualité médicale* du 8 avril 2005. Par contre, 8 % des médecins québécois songeraient à quitter la pratique médicale, toujours selon le même article. Ici, on assiste plutôt à un exode interne. Ainsi, dans le domaine de la psychiatrie, les tarifs en vigueur à la Régie de l'assurance maladie du Québec (RAMQ) ne sont pas comparables avec ceux offerts par le secteur privé ou paragouvernemental. Un médecin psychiatre recevra une somme de quatre à cinq fois supérieure s'il travaille en expertise pour la Commission de la santé et de la sécurité au travail (CSST) ou pour la Société de l'assurance automobile du Québec (SAAQ) que lorsqu'il travaille en traitement pour la RAMQ. Les psychiatres ont donc tendance à orienter leur carrière dans ce sens. De fait, il en reste de moins en moins pour offrir leurs traitements aux patients dans le cadre de la RAMQ. La liste d'attente est donc de plus de six mois pour consulter un psychiatre.

Le système actuel de rémunération tire son origine dans une autre époque, celle où le médecin de famille connaissait son patient ; il en connaissait même la famille immédiate et les amis. Lorsqu'un médecin renvoyait son malade à un spécialiste pour obtenir son avis, il lui expliquait le cas. Le spécialiste recevait le patient, puis communiquait son avis au médecin de famille, qui pouvait continuer le traitement. Aujourd'hui, une telle situation ne peut plus se présenter. Le spécialiste reçoit un patient avec un dossier médical. Or, si le médecin travaille dans le réseau public, il n'est pas payé pour prendre le temps nécessaire afin de parcourir le dossier entièrement, d'autant plus que, dans certains cas, ces dossiers peuvent atteindre des proportions gigantesques si la personne a souffert de plusieurs maladies et a eu plusieurs expertises médicales. Le spécialiste lit donc le dossier en diagonale, sauf si un assureur privé assure sa rémunération. Dans ce cas, il est payé à l'heure et il peut se permettre de prendre tout le temps nécessaire pour prendre connaissance du dossier. Le système médical actuel ne favorise donc pas le patient. La personne en burnout ou en dépression majeure est bien mal placée pour juger et améliorer sa situation.

PROBLÈME DE CONFIDENTIALITÉ SOUVENT IGNORÉ

Ici, il convient de rappeler que le rapport d'expert appartient à la personne ou à l'organisme qui l'a payé. L'individu se retrouve donc devant un expert qui lui demande de raconter sa vie en omettant le moins de détails possible. Il doit dire s'il a consommé ou non certaines substances, si à un moment de sa vie il a dû se prostituer ou encore s'il a eu quelques déboires avec la justice, ou autres situations du genre. Tout cela peut facilement se retrouver sur le bureau de son patron, car c'est l'assureur de ce dernier qui a payé l'expertise. Il est important que le public en soit informé. Une autre raison de bris apparent de confidentialité est également liée au système de rémunération. Pour qu'un spécialiste puisse être payé comme un spécialiste lors d'une première évaluation, on doit avant tout obtenir une demande de consultation d'un autre médecin (le plus souvent un omnipraticien). Mais celui qui n'a pas de médecin de famille peut aller en clinique sans rendez-vous consulter un médecin qui lui est étranger pour obtenir sa demande de consultation, sans laquelle il ne peut voir un spécialiste. Ce que certains ignorent, c'est que, dans le cas de la psychiatrie où la vie entière est passée en revue, le rapport complet va atterrir sur le bureau de l'omnipraticien qui a donné la feuille de consultation. S'il y a burnout, les assurances peuvent demander à ce médecin le dossier complet, y compris l'histoire psychiatrique dans le dossier de ce généraliste. Le patient le plus souvent ne sait pas ce que ce dossier contient. Chaque fois qu'un médecin signe une demande de consultation pour un spécialiste, il est implicite qu'on donne le droit au spécialiste d'envoyer son évaluation au médecin qui l'a demandée.

LA QUALITÉ DE L'ASSUREUR

Le patient peut tomber sur une compagnie d'assurances voulant débourser le moins possible en congés de maladie et donc faire en sorte que le malade retourne au travail le plus rapidement possible. S'il est plus chanceux, il peut au contraire faire affaire avec une compagnie qui préfère qu'il prenne tout le temps voulu et que le malade suive tous les traitements nécessaires afin de retourner au travail dès que cela sera possible.

La personne qui désire obtenir une compensation financière pour un congé de maladie perd son libre-arbitre quant à ses traitements. Ainsi, elle ne peut pas dire qu'elle préfère se traiter par la méditation ou par la relaxation, ou encore par la prise d'oméga-3, etc. C'est l'assureur qui décide du traitement qu'il juge le plus rapide et le plus efficace.

LA QUALITÉ DU MINISTÈRE

Les coûts astronomiques de notre système de santé sont aussi un obstacle à l'information appropriée au patient. Ainsi, des traitements qui pourraient être efficaces ne sont pas offerts faute de ressources financières.

Une patiente enceinte de six mois souffrait de calculs rénaux (ce que l'on appelle communément des pierres aux reins). Cette diplômée en biochimie savait qu'en connaissant parfaitement la nature de ces calculs, elle pourrait modifier son alimentation en conséquence afin que ses reins arrêtent de fabriquer de nouveaux calculs. Elle avait prélevé elle-même, dans ses urines, ces fameux calculs et cherchait un laboratoire d'analyse.

Hôpitaux, CLSC et centres de recherche lui répondirent tous qu'un tel test était très long, plus de trois mois, et très onéreux. C'est son père qui, de son pays natal, le Pérou, lui dénicha un laboratoire privé de Floride qui effectuait ce genre d'analyse. Elle déboursa les 30 dollars américains requis, attendit trois jours et put réduire de beaucoup, en changeant d'alimentation, la fréquence de ce type de calculs. Au Québec, aucun laboratoire, même privé, ne pouvait effectuer une telle analyse, somme toute fort simple. L'incompétence gouvernementale finit par déteindre sur l'ensemble de la société. La désinformation existe pour économiser de l'argent dépensé ailleurs, probablement en commandites de toutes sortes, y compris en campagnes publicitaires pour nous dire, avec un bonhomme bleu qui est censé respirer la joie de vivre, comment rester en santé!

Un autre exemple édifiant. L'épouse d'un ami est atteinte d'une maladie rare qui fait en sorte qu'elle ne peut recevoir de transfusions sanguines, sauf si le sang a peu de possibilité de provoquer une allergie pour ce type de maladie. Un jour, on lui donna du sang qu'on affirmait être tout à fait conforme. Elle fit pourtant une réaction qui faillit la faire mourir. Pendant ce temps, mon ami fouilla dans Internet et trouva un endroit où il lui fut possible de se procurer du sang irradié pour 2 000 $ la pochette. Il aurait accepté de défrayer lui-même les 8 000 $ à 10 000 $ pour éviter à son épouse les problèmes graves qu'elle a dû subir parce que personne ne l'avait informée de l'existence de cette banque de sang privée.

Autre exemple tout aussi aberrant. Il est impossible d'obtenir une hanche artificielle qui dure 40 ans. De tels modèles existent aux États-Unis, mais ne sont pas offerts sur le marché canadien. Une autre de mes patientes a eu besoin d'une hanche artificielle à l'âge de 32 ans. C'est rare, mais ça se produit. Elle devra remplacer cette hanche tous les 10 ans, parce que le modèle fourni par la Régie ne dure pas plus longtemps. Et on lui interdit de payer la différence pour obtenir un modèle avec lequel elle n'aurait plus besoin de chirurgie avant l'âge de 72 ans.

Aujourd'hui, le patient ne peut plus se fier, en matière d'expertise, à ce que prône le ministère de la Santé et des Services sociaux du Québec.

LA QUALITÉ DE LA RECHERCHE

Un neurologue a élaboré, à Montréal, un traitement de prévention des crises d'épilepsie par rétroaction (en anglais : *biofeedback*) cérébrale. Une fois la technique bien maîtrisée, même un enfant pouvait voir venir une crise d'épilepsie, et, en ayant appris comment placer son cerveau en ondes alpha (ondes de détente), empêcher cette crise d'arriver. Des patients accouraient du monde entier pour faire traiter leurs enfants par cette technique mise au point par notre neurologue québécois. Le ministère décréta du haut de sa sagesse que le traitement était expérimental et donc non remboursé par la RAMQ. Comme il est interdit à un médecin de facturer des actes liés à ses consultations, le neurologue a abandonné cette pratique pourtant très utile.

EN CONCLUSION

Conseils

Que l'on soit en burnout, sur le point d'y sombrer ou encore que l'on veuille l'éviter, voici quelques conseils utiles.

SACHEZ MAÎTRISER VOTRE COLÈRE

Le harcèlement dont certains sont victimes en milieu de travail peut devenir extrêmement enrageant pour les personnes concernées. Lorsqu'elles se retrouvent en burnout ou en dépression, elles pensent invariablement qu'une telle détresse, physique, psychologique et souvent financière, est de la faute de ceux qui les ont harcelées et elles en éprouvent une grande colère. Cette colère provoque un désir de vengeance qui se traduira parfois, pour la victime, par une volonté de montrer à ses harceleurs à quel point ils lui ont fait du mal. Les douleurs et symptômes de la victime iront en augmentant, question de servir une leçon à ceux qui lui ont causé du tort. En fin de compte, qui en souffre le plus? La stratégie de la colère ne profite jamais à la victime.

CONNAISSEZ LA BIOLOGIE DE LA FATIGUE ET DE LA DÉPRESSION

Le système nerveux possède la fâcheuse aptitude de vouloir continuer ce qu'il a commencé. Par exemple, lorsque la fatigue s'est installée, même si l'individu entreprend une activité bénéfique pour lui, le signal de fatigue continue son œuvre. Si bien que plusieurs abandonnent toute activité sous prétexte qu'ils se sentent épuisés.

Prenons l'exemple de Gilles. Il est fatigué de son travail qui lui cause bien du stress. S'il arrive chez lui et se met au lit, il ne trouve pas le sommeil. S'il va faire une heure d'activité physique, au début il ressent de la fatigue, car son système nerveux continue, comme nous l'avons dit, à lui envoyer un signal en ce sens, mais s'il persiste un peu, le signal disparaît, le stress tombe, et il se sent mieux et reposé.

Se laisser aller aux symptômes de la fatigue peut entraîner l'individu sur la pente très glissante de la déprime, voire de la dépression. C'est là que les choses risquent de se compliquer encore. Un système nerveux déprimé amène une diminution de l'efficacité du système immunitaire. La personne ainsi dépressive sera beaucoup moins résistante à toutes les maladies infectieuses, du banal rhume à la pneumonie. Si cette personne contracte une de ces maladies, sa déprime s'aggravera tout comme sa colère contre ceux qui, selon elle, l'ont poussée à cette condition.

Les bienfaits de l'activité physique sont maintenant universellement reconnus et amplement promus par notre ministère de la Santé et des Services sociaux sous le slogan : *Vas-y, fais-le pour toi*. Donc, même si cela demande de bons efforts au début, il est possible d'utiliser l'activité physique pour éviter de tomber dans le cercle vicieux de la fatigue, de la dépression, des maladies qui engendrent plus de colère et plus de déprime.

COMMENT S'AIDER À ATTÉNUER LES ÉMOTIONS NÉGATIVES QUI PEUVENT PERPÉTUER LE BURNOUT?

Les conditions qui mènent au burnout résultent souvent de conflits en milieu de travail qui rappellent au patient ceux qu'il a déjà vécus dans sa jeunesse, auprès de sa famille ou de ses amis. Ces rappels constants de traumatismes anciens replongent la personne en burnout chaque fois que sa route croise des conflits semblables en milieu de travail. Évidemment, il faut d'abord être en mesure d'évaluer correctement la situation. Savoir que ce qui nous plonge dans le désarroi n'est pas tant la situation actuelle au travail, mais le fait que cette situation fasse ressurgir des conflits de jeunesse non réglés. Bien cerner ses émotions négatives est donc un préalable.

La personne devra comprendre qu'elle est la seule à pouvoir s'aider. Elle devra apprendre à se faire plaisir et à autogérer son plaisir. Ces émotions vont dans le sens de la guérison. Il ne s'agit pas ici de se taper un kilogramme de chocolat ou encore de se lancer dans des dépenses qui feront sauter son budget. Se faire plaisir peut prendre l'aspect d'un million de petites choses, comme se relaxer dans une baignoire à remous, se faire masser, rester plus longtemps allongé dans un bain chaud, etc. Il faut apprendre à vivre au présent et ne pas continuellement fouiller dans son passé à la recherche d'événements traumatisants.

Les pays d'Europe qui ont vécu des stress énormes durant la Deuxième Guerre mondiale ne se seraient jamais relevés ni rebâtis s'ils n'avaient pas résolument regardé vers l'avant.

ÉVALUEZ VOS CAPACITÉS SEXUELLES HONNÊTEMENT

Lorsqu'on est en burnout ou en dépression, le désir sexuel n'est plus le même. Il est important de le comprendre et d'en parler avec son partenaire. En tant que sexologue clinicien, ma devise, pour les couples qui me consultaient, était que le sexe est la cerise sur le *sundae*. La sexualité se situe au sommet de la pyramide; dès qu'un problème survient à un niveau inférieur, que ce soit sur le plan physique ou psychologique, l'appétit sexuel diminue. Quand tout va bien entre deux personnes et que les relations sont très bonnes, alors la relation sexuelle prend tout son sens. Il est important de savoir que lorsqu'une personne est déprimée et a une estime d'elle-même affaiblie, son désir ou son appétit sexuel risque fort de diminuer. Il faut aussi en parler au partenaire pour éviter que celle-ci ou celui-ci ne se croit responsable ou ne se sente moins attirant. La situation est temporaire. Dès que l'individu retrouve son entrain, son désir sexuel réapparaît. Pour les femmes, un changement dans le mode de vie accompagné d'une libération des tâches quotidiennes favorisera un retour à une sexualité normale.

LES DIFFICULTÉS DU SOMMEIL

Le sommeil n'est pas égal chez tous les individus. Certains ont besoin de dormir huit heures, d'autres plus, certains moins. Qui plus est, chez le même individu en bonne santé, les besoins de sommeil varient au cours de la vie. Ainsi, un individu qui a toujours dormi autour de huit heures par nuit pourra voir ses besoins diminuer pour se fixer à cinq ou six heures par nuit, à la cinquantaine. Concrètement, cette personne pourra se coucher à 22 h parce qu'elle se sent très fatiguée puis se réveiller spontanément à 3 ou 4 h du matin, sans qu'il n'y ait là aucun problème de sommeil.

Toutefois, si ces heures de réveil matinales sont consacrées à ruminer tout ce qui ne va pas dans la vie, cette personne s'engage sur la mauvaise voie. Malgré ce que plusieurs pensent, la déprivation de sommeil (diminu-tion volontaire du nombre d'heures de sommeil) peut être utilisée pour sortir une personne de la dépression. Par exemple, rester plus de 13 heures au lit entraîne une décalcification des os et un désentraînement des muscles, ce qui est néfastes pour l'individu. Bien des expériences l'ont prouvé tant sur terre que chez les astronautes : rester au lit trop longtemps est nuisible. Les somnifères et les tranquillisants légers comme les benzodiazépines (Valium, Librium, etc.), tout comme l'alcool, peuvent nous faire croire qu'ils améliorent la capacité de sommeil. À très court terme, cela peut sem-bler vrai, mais à long terme, ils amplifient le problème. Sans compter que ces médicaments provoquent une multitude d'effets secondaires. Leur fonction désinhibi-trice peut inciter les hommes qui en prennent à devenir plus violents. Les femmes sous l'effet de ces drogues pourraient, pour leur part, accepter de se laisser battre.

Lorsqu'ils le jugent nécessaire et pour favoriser le sommeil, certains médecins prescriront des médicaments antidépresseurs, dont l'un des effets secondaires est de provoquer la somnolence. Le patient a toujours avantage à se renseigner sur les médicaments qu'on lui a prescrits.

AYEZ UNE VIE ÉQUILIBRÉE

Comme le fait remarquer le Dr Richard Hansen, Ph. D., dans toutes les conditions de vie plus difficiles, il con-vient d'avoir une vie équilibrée. Ce médecin considère qu'on doit diviser ses activités entre ce qu'on souhaite faire et ce qu'on doit faire. Le «je veux» par rapport au «je dois». Par exemple, pour beaucoup de gens, consacrer du temps à sa comptabilité entre dans la liste des obligations : *je dois faire mon budget.* À l'opposé, prendre un bain chaud, se relaxer devant un bon film trouvent plus leur place du côté des plaisirs. Ce chercheur signale que, dans une vie bien équilibrée, il devrait y avoir en alternance une obligation et un plaisir.

Bien sûr, la personne en burnout a très souvent de la difficulté à trouver des moments de plaisir. Souvent cette difficulté relèvera d'un sentiment de culpabilité, plus ou moins inconscient, face au fait de ne pas travailler.

À l'inverse, le plaisir est d'autant plus jouissif s'il suit une période où l'on a fait ce qu'on devait faire. Il faut bien comprendre que, de manière générale, ce qui nous fatigue en fin de journée n'est pas ce qu'on a fait, mais bel et bien ce qu'on n'a pas fait. Et en burnout, il y a une multitude de choses qu'on n'a pas faites. Il faut donc considérer que le fait de pouvoir se libérer de quelques obligations, si petites soient-elles, permettra d'équilibrer notre vie par quelques plaisirs.

COMMENT ADOPTER DES ATTITUDES SAINES

Généralement, les individus prennent deux attitudes face à une maladie ou à un événement particulier. C'est ce que les anglophones appellent *locus of control*. Certaines personnes pensent ou sentent qu'elles sont contrôlées par des événements extérieurs ; dès lors, elles font en sorte de changer cette situation extérieure avant de faire quoi que ce soit. Elles ont l'impression que les facteurs extérieurs sont responsables de leurs problèmes et tentent de trouver des personnes, médecins ou autres, pour les aider. Ces gens-là fonctionnent beaucoup moins bien que ceux qui situent leur lieu de contrôle à l'intérieur d'eux-mêmes. Ces derniers vont plutôt réfléchir en se disant qu'ils viennent de subir une épreuve qui leur permettra de découvrir leur force interne. Ceux qui pensent ainsi s'en sortent mieux. Toute lecture et toute forme d'apprentissage qui favoriseront cette forme de pensée favoriseront aussi une guérison plus rapide et surtout plus définitive.

Il faut savoir que les épreuves difficiles sont inexorables et les changements inévitables. Bien des gens cultivent malheureusement l'illusion de la stabilité au travail et dans leur vie. En entrant au service d'une grande entreprise, ils veulent croire qu'ils ont l'assurance de ne jamais manquer de travail s'ils font correctement leur boulot. Mais le monde n'est pas immobile, et ils devront comprendre que des changements peuvent et vont survenir. Certains de ceux-ci leur seront favorables et d'autres, défavorables.

D'ailleurs, lors d'un séminaire sur le changement, le directeur de l'entreprise informatique DELL, qui vend presque tous ses ordinateurs par correspondance, s'étonnait qu'on se pose encore des questions sur le changement. Son entreprise, depuis le début, n'a vécu que du changement, et elle s'est d'ailleurs bâtie sur le changement.

Une autre attitude gagnante s'appelle le bénévolat. Les chercheurs se sont vite aperçus que les personnes qui se dévouent pour une cause s'en sortent en général bien mieux que les autres.

Nous l'avons déjà souligné, un peu d'altruisme fait parfois toute la différence. Pour aider les jeunes qui éprouvaient des tendances suicidaires, les intervenants ont trouvé utile de leur dire : «Un être humain n'est pas une île déserte. Plus un être humain est loin des autres, moins il est connecté aux autres, plus il a des difficultés à s'en sortir.» Les liens sociaux, la famille, le travail, l'église, les clubs sociaux ou sportifs sont tous des moyens d'éviter l'isolement. Il faut comprendre que l'autre, même s'il a des défauts, même s'il ne convient pas parfaitement à mes attentes, pourra quand même m'aider personnellement.

Il est possible d'apprendre autant sinon plus des gens qui présentent des imperfections que de ceux qui nous semblent parfaits. Comme la perfection n'existe pas, il est probablement plus efficace de tenter de nous entendre avec les gens qui nous entourent et de leur trouver des qualités. Évidemment, il est difficile d'être optimiste en période de burnout, mais tout livre optimiste que vous lirez vous aidera.

De plus, si l'on peut trouver un sens à ses souffrances, on s'en sort beaucoup mieux, comme l'ont démontré les rescapés des camps de concentration. Preuve, s'il en est, que l'être humain peut toujours tirer des leçons de vie, même à partir des pires horreurs.

ANNEXES

ANNEXE I
McLuhan, le visionnaire

Peu se rendent compte à quel point les vues de Marshall McLuhan ont été révolutionnaires. Cet essayiste canadien a affirmé que, dorénavant, le contenant sera plus important que le contenu. Tous ceux qui restaient accrochés à l'ancienne vision croyaient qu'une pièce de Molière, qu'elle soit jouée au théâtre, au cinéma ou à la télé, reste la même pièce. McLuhan nous dit : la technologie change tout.

1. L'INVENTION DES OUTILS

Selon McLuhan, tout a commencé avec l'invention des outils, qui a permis aux primates humains de s'élever audessus des autres animaux. Puis est apparue la roue, qui a permis de transporter de lourdes charges. Vinrent ensuite la monnaie comme moyen d'échange et à sa suite les mathématiques, et finalement l'écriture, qui a permis d'immortaliser les connaissances. Robert K. Logan, professeur associé de physique à l'Université de Toronto, a élaboré sur les réflexions de McLuhan. Il a émis l'opinion que la technologie est une extension d'une partie du corps. Par exemple, la roue pourrait être considérée comme l'extension des jambes, le téléviseur, comme l'extension de l'œil, et l'ordinateur, comme l'extension du cerveau. Ce successeur de McLuhan a ainsi résumé l'apparition successive de cinq langages dans l'histoire de l'humanité. Le premier fut le langage verbal qui commença par des cris et grognements de tons variés, qui se transformèrent en langage articulé. Le deuxième langage fut l'écriture mathématique qui commença par la comptabilité où une barre remplaçait une quantité quelconque d'une marchandise. Cette numérologie sous forme de barres se perpétua jusque chez les Romains qui, avec un système de barres droites et inclinées (I, V, X, L, par exemple), ont pu former toute leur mathématique. Le quatrième langage fut l'écriture qui se manifesta en premier par des dessins comme les hiéroglyphes chez les Égyptiens et devint de plus en plus abstraite pour aboutir à l'alphabet de la Grèce antique. Le quatrième langage fut la science qui permit de classifier les organismes et autres éléments de la nature. Le dernier langage à faire son apparition fut l'informatique qui permit à grande échelle et très rapidement de classer toute l'information. Ainsi le mot ordinateur peut se comprendre comme la possibilité d'ordonner des données.

2. L'INVENTION DE L'ÉCRITURE ABSTRAITE

Lorsque les écritures primitives ont évolué du dessin à la lettre abstraite chez les Grecs antiques par une modification et une adaptation de l'écriture cunéiforme des Phéniciens, l'ère de l'abstraction commença. Ce fut l'explosion des arts, des lettres, de la philosophie et des sciences, tous des domaines qui ont été rendus possibles grâce à la naissance de cette technologie qu'est l'écriture des lettres.

Cette technologie qui remonte à quelques milliers d'années avant l'ère chrétienne a en outre permis l'éclosion de l'individualisme et de la démocratie.

Plusieurs penseurs de la vieille garde de l'époque avaient pourtant vu d'un bien mauvais œil l'arrivée de l'alphabet. Selon eux, cela rendrait les jeunes paresseux, car ils n'auraient plus besoin d'apprendre par cœur. De plus, pour eux, l'écriture n'était ni plus ni moins que l'apparence de la vérité. Bien des penseurs de nos jours craignent qu'Internet et l'ordinateur ne rendent nos enfants paresseux.

3. L'INVENTION DE L'IMPRIMERIE

Puis une autre révolution arriva quelque 1 500 ans plus tard: l'invention de l'imprimerie par Gutenberg. Il est intéressant ici de noter qu'entre l'invention de la roue et celle de l'alphabet, il s'était écoulé plusieurs centaines de milliers d'années, mais entre l'alphabet et l'imprimerie, quelques milliers d'années seulement. L'imprimerie allait nous amener à l'ère de la répétition en série, l'ère industrielle, celle de la non-croyance, du travail à la chaîne, du train et de l'automobile. Vint donc l'apogée du capitalisme, de la hiérarchisation, de l'organisation, de la structuration et de la répétition. Même la guerre s'est industrialisée. On parle d'une machine de guerre, de production de guerre, de matériel de guerre, etc. La mitraillette peut tuer de façon répétitive et uniforme des dizaines de personnes. Dans ce monde où le train suivait ses rails, et les hommes, les machines des usines, l'automobile arriva comme une libération des tracés tout dessinés. Les hommes l'ont rapidement épousée comme une deuxième femme. Elle leur donnait la liberté d'aller là où ils voulaient. Maintenant, on fait tout dans son auto. On mange dans son auto, on va au ciné-parc dans son auto, et souvent les premières amours naissent dans l'auto. Puis, rapidement, le grand écran du cinéma se transforma en millions de petits écrans télévisés, qui très tôt allaient s'imposer comme une drogue. Chaque fois que quelqu'un perd son image, il devient violent pour la récupérer. La télévision et son langage prennent tout l'espace. Par exemple, on ne parle plus d'un entretien entre deux personnes mais d'une entreVUE. La vision devient l'organe de choix. La femme devient un objet de vision, elle devient une *pin-up* (au début le mot faisait référence à une photo de femme qu'on épinglait au mur). Les médias créent une accélération. Des livres, on passe aux mensuels, aux hebdomadaires, puis aux quotidiens. Nous avons souligné que les passages d'une ère à l'autre se réalisaient sur des centaines de millions d'années, puis sur des milliers d'années. De l'ère industrielle à celle de l'informatique, il ne se sera pas écoulé plus de 500 ans. La présence des médias accélère encore ce rythme.

4. L'INVENTION DE L'ORDINATEUR

Le premier ordinateur naquit en 1948, le premier ordinateur domestique, 32 ans plus tard, en 1980, puis l'Internet, en 1990. Les changements s'accélèrent. Les étudiants d'aujourd'hui prétendent que Freud n'est pas intéressant parce que trop ancien. Par contre, ces mêmes étudiants éprouvent de grandes difficultés à suivre une présentation avec thèse, antithèse et synthèse. Ils ont besoin de changements plus rapides. Nous sommes dans une société où il faut apprendre à s'exprimer en très peu de temps. L'époque des grands élans oratoires semble révolue. L'information doit être transmise sous forme de spots publicitaires. Tout devient rapide et scindé. La Russie que l'on croyait monolithique se voit aujourd'hui comme une mosaïque, avec tous ces États qui autrefois formaient l'URSS et qui sont devenus autant d'entités différentes. Les médias s'influencent mutuellement et interagissent. Ils ne décrivent plus seulement l'événement, ils le créent. On transmet la nouvelle, rapidement, sans prendre le temps de l'analyser. L'exemple le plus frappant est la déclaration de guerre à l'Irak. On a d'abord transmis l'information provenant de la Maison-Blanche que ce pays disposait d'armes de destruction massive, sans analyse sérieuse préalable. Puis, le président américain a déclaré la guerre. Lorsqu'on l'interrogea sur ces armes de destruction massive introuvables, il justifia sa décision en déclarant qu'il fallait bien créer un consensus et que c'était le seul moyen d'y parvenir. Le morcellement devient un art de vivre avec chacun son cinéma maison, le cocooning, le travail à domicile, la disparition des cadres, etc. La planète se rétrécit et devient un village global. Tous et chacun, même les enfants, peuvent être au courant de ce qui se passe en temps réel, comme dans un petit village — un peu comme ce qui se passait dans les tribus primitives. L'éducation sort de la classe. Elle se fait de plus en plus par les bulletins de nouvelles. Elle se fait aussi par les jeux vidéo où l'on apprend les principes de base d'action-réaction. On y apprend également à inventer des mondes inexistants et à y survivre.

Les emplois traditionnels cèdent leur place au travail individuel et autonome. D'ailleurs, McLuhan nous fait remarquer, à juste titre, que l'emploi que nous connaissons et avons si peur de perdre n'existe que depuis l'ère industrielle, donc tout au plus 250 ans. Auparavant, les gens travaillaient leur terre ou allaient à la guerre.

Que nous ont valu ces emplois de l'ère industrielle pour que nous ayons si peur de les perdre? L'emploi fragmente le travail, il se fait sans engagement de la totalité de l'être, il disloque la famille, il rend dépendant d'un patron et d'une hiérarchie. Avec tous ces individus qui défilent devant le médecin, souffrant de burnout, il devient de plus en plus évident qu'on ne devrait pas occuper un emploi pour plus de 5 ou 10 ans. Mais ce qui se passe encore est bien différent. Bien des individus veulent atteindre leur retraite et sont prêts à subir bien des infamies pour y parvenir. Plusieurs craquent en cours de route et se retrouvent dans le bureau d'un psychiatre en consultation.

Les tâches fragmentaires qui n'engagent pas la totalité de l'être sont appelées à disparaître. Ainsi en est-il de la spécialisation. Le réseau remplace les cadres et le public devient le producteur.

La question à se poser n'est pas «où est-ce que je veux travailler?» mais plutôt «que veut mon voisin?». En ce sens, l'artiste est une antenne qui capte les événements à venir. L'homme moderne ne travaille plus pour vivre, mais il apprend à vivre. C'est le retour de l'amateur, «celui qui aime faire». Prenons les exemples de Faraday, le découvreur du magnétisme électrique, qui n'avait pas plus que son école primaire, celui d'Edison, l'inventeur de l'ampoule électrique, qui n'avait pas plus que trois mois d'études formelles, et celui de John Gray, l'auteur du best-seller *Les femmes viennent de Vénus, les hommes de Mars*, qui n'a pas fait d'études formelles en psychologie.

LES GRANDES INVENTIONS

Invention	Année	Laps de temps depuis la dernière invention
Outils	Environ 1000000 av. J.-C.	Environ 4 millions d'années
Écriture abstraite	Environ 2000 av. J.-C.	Environ 998 000 ans
Imprimerie	Autour de 1450	Environ 3 450 ans
Ordinateur	1948	Environ 500 ans
Ordinateur personnel	1980	32 ans
Internet	1990	10 ans

ANNEXE II
Guérilla entre assureurs et assurés : tactiques abusives

Inspiré d'un article paru dans le journal *La Réussite*.

De par sa spécialité, Édouard Beltrami s'est penché plus spécifiquement sur les cas de réclamations qui touchent les victimes de burnout, de dépression, mais aussi de douleurs chroniques parfois consécutives à un burnout. Dans ces cas, nous allons voir comment les personnes atteintes, mais aussi les professionnels qui traitent les malades, sont victimes de la guerre ouverte que leur livrent ceux qui devaient les dédommager.

LES ORIGINES DU CONFLIT
D'une part, la désinstitutionnalisation nuit beaucoup. Les gens, précédemment pris en charge par le système et qui se reconstituaient en institution psychiatrique, se retrouvent aujourd'hui chez eux, où leur état se détériore.

D'autre part, face au défi de la mondialisation et à cause d'une main-d'œuvre moins exigeante à l'étranger, nos entreprises ont fait de nombreuses coupures. Les compagnies d'assurances font donc face à des dépenses énormes qu'elles n'avaient pas prévues, voilà à peine 10 ans. Aujourd'hui, elles veulent payer le moins possible.

LA MAIN SUR LE PORTEFEUILLE

Certaines raisons motivent les assureurs. D'abord, les maladies du système nerveux, les douleurs inexplicables et les maladies que la médecine comprend encore mal augmentent. Les dépenses des assureurs aussi.

Ensuite, contrairement à un infarctus, les domaines qui touchent aux douleurs liées au système nerveux, à la fatigue sont très difficiles à circonscrire. Les diagnostics ne peuvent être rapides et nets.

Enfin, certains intervenants trop bienveillants ne renvoient leurs patients au travail que lorsqu'ils sont «totalement bien». Une erreur qui provoque un *désentraînement* de l'individu, qui se détériore dans l'inactivité prolongée. Le retour au travail est long et plus coûteux pour les assurances.

STRATÉGIES DE LA GUÉRILLA

Le burnout est une forme de dépression et d'anxiété, qui diminue de beaucoup l'énergie du patient qui en souffre. Les personnes atteintes de burnout vont chercher de l'aide parfois sous forme de psychothérapie, de médecines douces comme l'acupuncture ou autres. Lorsqu'elles vont s'informer auprès de leur assureur pour savoir si ces frais sont couverts par sa police, il est bien rentable pour ceux-ci de répondre immédiatement non, car la plupart des patients s'en tiendront à ce refus et n'entreprendront aucune démarche supplémentaire. Sur 10 personnes à qui l'on a dit non, peut-être 2 vont pousser leur dossier pour s'apercevoir que finalement elles avaient raison et que l'assureur doit les indemniser. Les assurances ont quand même gagné par forfait dans 8 cas sur 10.

La deuxième stratégie parfois utilisée consiste à ne mettre au contrat que des normes très restrictives. Par exemple, on mentionnera que seules les consultations auprès de personnes ayant un diplôme en psychanalyse pourront être remboursées. Or, le patient a consulté un psychiatre qui lui a fourni une psychothérapie dont il est satisfait. Pour la majorité des patients, psychanalyse et psychothérapie sont synonymes.

La troisième manœuvre est la fuite. Tout se fait par téléphone. L'interlocuteur est anonyme, les documents informatisés ne comportent aucune signature, rendant impossible toute poursuite judiciaire. Alors toute personne qui voudrait contester doit fournir de très grands efforts ne serait-ce que pour retrouver un interlocuteur responsable du côté de l'assureur.

PRATIQUES CONTRE-PRODUCTIVES

Enfin, en rognant sur les soins psychologiques adéquats, les assurances retardent le retour au travail de l'individu et perdent davantage en défrayant pendant ce temps de l'assurance salaire.

EXPERTISES SÉVÈRES ENVERS LES CLIENTS

Le Dr Beltrami soutient que, parfois, il est vrai que certains médecins n'ayant aucune formation en psychiatrie, manquant de temps, peuvent étirer inutilement l'état d'un patient atteint de dépression, alors qu'un bon traitement et une médication appropriée pourraient accélérer la guérison. Cependant, quand on sait qu'une expertise en psychiatrie peut coûter entre 600 $ et 1 200 $ aux assureurs, on comprend aussi que les experts doivent être «rentables». Ils ne sont pas nécessairement malhonnêtes, mais ils défendent en toute honnêteté certaines philosophies psychanalytiques qui écartent le diagnostic de mal psychologique. Alors, face à un expert qui n'est pas forcément sympathique à sa cause, la personne qui souffre de troubles psychiatriques et qui doit refaire son histoire émotionnelle et même sexuelle se sent dévalorisée.

ASSURÉS ABANDONNÉS

«De 60 % à 70 % des cas de dépressions proviennent actuellement de conflits au niveau du travail», souligne le Dr Beltrami. Coupures de poste, de salaire, changements fréquents de patron, dépréciation de l'employé sont quelques facteurs. On parle de «troubles administratifs» qui conduisent à la dépression.

L'expert, lui, refuse de voir cette dépression comme un trouble médical. Il soutient que la médecine ne doit pas payer pour de mauvaises «administrations», donc les assurances ne payent pas. Ces experts perdent très souvent en cour, mais peu de malades ont l'argent et l'énergie pour se rendre devant les tribunaux! Par conséquent, l'individu effectivement malade, qui ne travaille plus, est abandonné pendant qu'on tergiverse sur la responsabilité de sa maladie. Quant à la CSST, elle ne paie pas non plus. Il lui faut une seule date d'accident, et ce genre de microtraumatisme ne rentre pas dans ses critères. L'individu ne reçoit rien.

ZONE FLOUE

La conjoncture économique, les nouvelles maladies mal cernées (fibromyalgie, fatigue chronique), l'avancement de la science qui empêche d'avoir des diagnostics médicaux purs, l'aspect psychologique de plus en plus marqué et l'augmentation des maux liés au système nerveux créent une zone suffisamment floue qui permet aux assurances de ne pas payer les gens malades. Cela peut partir d'un mouvement de clarification du diagnostic mais, d'un autre côté, il y a une exagération extrêmement nuisible qui donne une très mauvaise relation entre les assureurs et leurs assurés.

Il faut néanmoins considérer qu'il y a d'excellentes compagnies d'assurances cherchant des psychiatres qui feront en sorte de retourner le plus efficacement possible l'individu au travail. Ces compagnies vont jusqu'à offrir à leurs membres les services de spécialistes en retour au travail, qui aident de façon très significative les patients.

ANNEXE III
Burnout: comment éviter d'être son propre bourreau

Inspiré d'un article paru dans le journal *La Réussite*.

«Nous voyons que le burnout est une maladie individuelle et de société, et que pour en diminuer l'incidence cela va prendre plusieurs changements importants. D'abord, un changement dans la manière dont se perçoit l'individu et dont il perçoit la société», affirme le Dr Édouard Beltrami.

SOYONS CLAIRS!
Le mot burnout, un euphémisme, a été inventé pour éviter de froisser la sensibilité des personnes qui avaient toujours bien fonctionné, qui n'avaient pas nécessairement des troubles psychiatriques antérieurs mais qui, soudainement, se retrouvaient sans emploi et victime d'une dépression. Moins insultant que le mot dépression, le mot burnout masque l'aspect dépressif. C'est comme dire : «C'est le travail qui t'a épuisé, qui t'a brûlé ; tu t'es trop donné.»

Mais le burnout, ou épuisement professionnel, cache effectivement une dépression qui provient parfois de traumatismes antérieurs à la perte d'emploi, et cette fragilité cachée se révèle lorsque la charge de travail augmente et l'individu décompense (ses mécanismes de défense ne peuvent plus contenir la dépression et l'anxiété). De toute façon, que ça plaise aux gens ou non, si le burnout n'était pas une maladie psychiatrique, les compagnies d'assurances ne verseraient pas d'indemnités devant pareil diagnostic. Elles ne le font que pour les maladies.

QUELQUES CONSEILS

Ne voyez pas forcément le stress comme quelque chose d'épouvantable. S'il est raisonnable, le stress est bon. Il s'agit simplement d'une charge qu'on demande à l'organisme. Par contre, si on en fait trop, qu'on force tout le temps, ce stress devient néfaste. Au fond, il ne faut pas chercher la perfection à tout prix.

Acceptez les défis. Devant la difficulté, dites-vous plutôt : «Voilà un bon défi. Je vais essayer de régler ça.» Voyez-le comme une sorte de jeu dans lequel il existe une solution quelque part.

Ramenez toujours la situation à un choix personnel et gardez intègre une partie de vous, même dans les cas les plus difficiles. Pour cela, il faut accepter de perdre des choses, parfois.

Posez-vous toujours la question suivante : Quelle est ma faiblesse qui fait en sorte que cette personne a pris de l'emprise sur moi? Est-ce mon appât du gain, ma dépendance, mon incapacité à me trouver du travail ailleurs ou autre chose?»

ANNEXE IV
Burnout dans la cinquantaine comme réactivation d'abus subis au cours de l'enfance

«Après avoir mis au point des traitements du burnout, j'ai examiné plusieurs personnes souffrant de ce mal et plus particulièrement des femmes dans la cinquantaine qui étaient évaluées d'après des standards habituels comme pouvant retourner au travail. En fait, elles montraient plusieurs symptômes somatiques, d'anxiété, de tristesse qui les empêchaient de rentrer au travail», raconte le Dr Édouard Beltrami.

Ces personnes-là avaient, comme les personnes qui avaient subi des abus ou des stress post-traumatiques, sur certains tests des échelles d'exagération de pathologies (échelles qui détectent la simulation de maladie) très élevées. Pourtant, souvent il s'agissait d'un premier arrêt de travail chez des personnes qui avaient été très régulières dans leur vie. Ce qui est frappant, c'est qu'en retraçant leur histoire, on s'apercevait que la plupart avaient été abusées sexuellement ou avaient subi d'autres formes de traumatismes dans leur enfance. Il est évident, chez des femmes qui ont été abusées sexuellement et qui ont eu un fonctionnement inadéquat toute leur vie, que le problème ne se pose pas et que la plupart des psychiatres font les recommandations adéquates. Par contre, le cas de personnes ayant bien travaillé toute leur vie, qui brutalement se voient inaptes au travail après une tension avec le patron, un changement d'horaire ou des phénomènes pouvant être considérés comme mineurs, se révèle plus étonnant.

Il devenait évident que certaines femmes pouvaient passer par-dessus des difficultés liées aux abus sexuels si elles étaient aidées par leur noyau familial, si elles étaient appuyées par un conjoint et si elles occupaient un emploi adéquat. Ces femmes avaient un aspect fortement sexualisé. Dans leur jeunesse, elles faisaient belle impression en entrant dans un bureau, on leur pardonnait facilement les bévues mineures. À l'approche de la cinquantaine et avec les changements découlant de la ménopause, ces femmes étaient parfois moins bienvenues qu'avant. Leur conjoint n'était pas toujours très présent, et plusieurs maladies ou décès dans leur entourage venaient défaire leur réseau social. À ce moment-là, un événement de peu d'importance pouvait provoquer plus qu'un trouble d'adaptation avec humeur dépressive, comme il entraîne chez la plupart des autres personnes et exige un congé de maladie de six à huit semaines seulement. Chez elles, il y avait une réactivation des troubles dissociatifs de l'enfance, qui avaient pu longtemps rester dormants. Le test du Minnesota Multiphasic Personality Inventory (MMPI) montrait des personnes réagissant comme lors de stress post-traumatiques et affichant une réactivation de leur fragilité de jeunesse avec beaucoup de troubles somatiques.

LES CONSÉQUENCES THÉRAPEUTIQUES

Il ne faut pas passer par-dessus les troubles dissociatifs que présentent les personnes abusées dans l'enfance qui font une dépression à l'âge adulte. Il faut leur expliquer le concept. Le lien transférentiel devient meilleur quand ces personnes se sentent comprises. Un petit test comme le Dissociative Experiencing Scale (DES) permet de mesurer l'étendue du problème dissociatif (voir Annexe IX : EED : échelle d'expérience dissociative). Des médicaments autres que les antidépresseurs, comme les nouveaux antipsychotiques, doivent être ajoutés pour contrer les troubles dissociatifs.

ANNEXE V
Le harcèlement
en milieu de travail

D'après «Harcèlement et violence au travail : l'encadrement juridique», présentation donnée par le Dr Édouard Beltrami au colloque de l'Association des médecins du travail du Québec, île Charron (Longueuil), le 22 février 2002.

DÉFINITIONS DU HARCÈLEMENT SEXUEL

En France : Se prévaloir de son autorité pour faire pression sur une personne afin d'en obtenir des faveurs de nature sexuelle. Ces faveurs sexuelles peuvent être pour son propre compte ou pour celui d'un tiers (qui peut être un client de l'entreprise). Par pression, on entend le fait de proférer des menaces, d'intimer des ordres ou de soumettre à des contraintes.

Au Canada : Un acte qui est de nature à porter atteinte à la dignité ou à l'intégrité physique ou psychologique d'une personne et de nature à entraîner pour elle des conditions de travail défavorables ou un renvoi à une conduite qui se manifeste par des paroles, des actes et des gestes à connotations sexuelles répétés ou non désirés.[1]

---

1. Commission des droits de la personne, *Mieux gérer en équité*, section sur le harcèlement sexuel en milieu de travail.

On s'aperçoit qu'il y a beaucoup de nuances et plusieurs définitions du harcèlement sexuel. La forme la plus classique, la plus ancienne, est de faire comprendre à un employé, habituellement de sexe féminin, par son patron ou un supérieur de sexe masculin, qu'il pourrait obtenir un emploi ou une promotion à condition qu'ils aient des relations sexuelles ensemble. Cela peut être annoncé de manière directe ou indirecte.

CAS DE L'OBSESSIONNEL FROID QUI DÉGÈLE SEULEMENT EN SITUATION ÉROTIQUE

Voici un scénario fréquent. Un homme en situation d'autorité sur des employés affiche un air sévère et pardonne peu les erreurs. Une femme sous ses ordres éprouve une peur constante de ses réactions et craint ses critiques. Un jour, l'homme devient gentil, aimable et se met à faire des commentaires ou des blagues sur sa beauté, sur son habillement, sur le fait qu'elle est excitante sexuellement. Si elle les accepte, il devient donc plus chaleureux et fait encore plus de félicitations à cette employée.

La même approche peut passer par des touchers, qui débutent doucement (tenir par les épaules, prendre par la taille en passant la porte, etc.) puis qui s'intensifient. S'il n'y a pas de «non» assez catégorique, ces gestes peuvent devenir plus sexuels. Par la suite, il y a des sorties en tête-à-tête sous la couverture du travail, mais qui peuvent devenir de véritables sorties intimes avec des demandes sexuelles plus explicites.

LE PSEUDO HARCÈLEMENT

Un domaine moins clair pour l'intervenant qui élucide un harcèlement allégué est la situation illustrée par l'exemple suivant. Une femme consulte et dit qu'elle a été harcelée par son patron. Quand on analyse la situation, on constate qu'elle quittait le bureau de sa propre volonté et allait avec lui dans un motel. Ils ont eu de fréquentes relations sexuelles échelonnées sur plusieurs mois.

Quand on lui demande en quoi cela est du harcèlement, elle répond : «J'avais deux enfants à nourrir, je tenais à tout prix à cet emploi et, comme avant d'aller à l'hôtel on mangeait et on buvait copieusement, je n'étais pas dans mon état normal : j'avais bu, je n'étais pas responsable à 100 %.» Il est évident qu'une situation semblable est loin de la notion de harcèlement pur et dur.

LE CAS DE L'AVENTURE QUI TOURNE MAL

Une femme accepte d'avoir des relations sexuelles et tout fonctionne bien, jusqu'au moment où la relation prend fin. Dès lors, la femme qui ne s'était jamais offusquée de ce qui se passait se met à se plaindre et à dire qu'elle a été amenée contre son gré dans cette situation.

Pour qu'il y ait vraiment abus, il faut que la femme puisse prouver qu'elle était dans une situation d'infériorité ou de soumission. Si la personne est mineure, la question ne se pose pas, c'est toujours l'adulte qui a tort d'avoir eu des relations. Par contre, si la personne est majeure, il faut vraiment prouver qu'elle se trouvait dans une situation où il était très difficile de refuser les relations. Ce qui n'est pas toujours évident.

Un exemple de déclaration qui semble abusive est celle de cette femme qui épouse son médecin. Elle vit avec lui pendant 10 ans. Puis, une séparation survient. À ce moment, elle le poursuit en indiquant que ce médecin a couché avec elle (qui était alors sa patiente); elle allègue qu'il avait un pouvoir sur elle, puisqu'il connaissait tout d'elle à cause de son dossier médical. Il savait comment s'y prendre pour la séduire, puisqu'il connaissait ses faiblesses, et elle s'est mariée sous de fausses représentations. Il est évident que cette femme a eu 10 ans pour pouvoir se plaindre et que cette situation représente plutôt de la manipulation dans un litige de divorce ou de garde d'enfant.

HARCÈLEMENT FAIT PAR UNE FEMME QUI ÉCHOUE

Une femme souhaite sortir avec son patron ou compagnon de travail et elle lui fait plusieurs propositions. Devant le refus de celui-ci, elle menace de l'accuser de harcèlement sexuel. Là encore, la situation n'est pas toujours très claire; il y a souvent eu flirt des deux côtés et parfois des touchers ou des baisers. Mais l'homme décide de ne pas aller plus loin. Dans cet exemple, il est évident qu'il y a déjà eu des contacts et que cette femme peut considérer, en partie, avoir raison du fait qu'il y a eu des rapports physiques. Par contre, c'est elle qui les a davantage suscités et c'est quand l'homme a refusé ces contacts que la femme a déposé sa plainte.

D'AUTRES FORMES DE HARCÈLEMENT

D'autres formes de harcèlement viennent parfois d'une définition trop stricte du harcèlement sexuel. Nous avons vu qu'il y a des différences entre les définitions française et canadienne.

Dans la définition canadienne, on parle d'une conduite qui se manifeste par des paroles, des actes et des gestes à connotations sexuelles répétés ou non désirés. Nous sommes d'accord que, dans certaines situations, une femme qui a de la difficulté à se concentrer ou à travailler à cause de blagues sexuelles indues, exagérées et répétitives est incluse dans cette définition. Par contre, dans un article scientifique, des chercheurs affirment que 51 % des femmes médecins sont harcelées par leurs collègues masculins.

À la suite d'une analyse de l'article, nous nous apercevons qu'en fait il s'agit de médecins de sexe masculin racontant des blagues à contenu sexuel devant leurs collègues féminines. Il faut comprendre que, dans le domaine médical, les organes génitaux, la sexualité et la mort font partie de la matière à l'étude. De plus, le fait de côtoyer la mort semble par réaction, comme l'a fait remarquer l'auteur Axel Munthe (*Le livre de San Michele*, Albin Michel, 1988), faire augmenter les fantasmes et les désirs sexuels. De plus, le tabou sexuel n'est pas aussi grand que dans d'autres milieux, puisque le fait de parler de relations sexuelles, de génitalité fait partie du métier. Il y a donc là une exagération dans la définition.

CONSEILS À LA PERSONNE HARCELÉE

1. Dire un non très clair et ferme. Il faut éviter des phrases comme : «Je ne peux pas sortir avec vous, je suis mariée.» Ce genre de réponse est interprété comme une possibilité que certaines circonstances extérieures empêchent, laissant donc de l'espoir.

2. Sortir de son isolement en en parlant à ses collègues, à la police ou aux membres de la famille afin de ne pas subir un chantage du silence.

3. Refuser tout cadeau, bénéfice marginal, fleur ou lettre du harceleur.

EN CONCLUSION

Le harcèlement sexuel dans le milieu de travail est très répandu ; il peut prendre différentes formes, et les lois à son sujet varient d'un pays à l'autre. Il n'est pas toujours facile de départager le vrai et le faux. Des caméras de surveillance ont parfois montré que les allégations étaient totalement fausses, et que la personne qui se disait harcelée était dans certains cas celle qui harcelait. Cette question doit être traitée avec délicatesse.

ANNEXE VI
Test de Holmes : évaluez votre niveau de stress

DIRECTIVES

Pour chacun des événements suivants qui vous sont arrivés **au cours des 12 derniers mois** seulement, accordez-vous les points reliés à cet item.

ÉVÉNEMENTS	POINTS
Décès du conjoint (de la conjointe)	100
Divorce	75
Séparation	65
Sentence d'emprisonnement	65
Décès d'un proche	65
Maladie ou blessure grave	55
Franche rigolade	50
Perte d'emploi	48
Réconciliation avec le conjoint (la conjointe)	45

ÉVÉNEMENTS	POINTS
Passage à la retraite	44
Maladie grave d'un proche	44
Grossesse	40
Problèmes sexuels	40
Naissance	39
Changement en affaires	38
Changement dans les finances	38
Décès d'un bon ami	38
Changement au travail	37
Changement dans les relations avec des associés	36
Hausse du taux hypothécaire	31
Nouveau patron	28
Enfant qui quitte le foyer familial	27
Problèmes avec un membre de la belle-famille	26
Remise d'un prix ou d'une récompense	26
Changement de travail du partenaire	25
Début ou fin d'un cours	24
Changement dans les conditions de vie	23
Changement dans les habitudes personnelles	22
Brouille avec son patron	21
Changement dans les conditions de travail	20
Déménagement	20
Changement d'école pour les enfants	19
Changement d'activités sociales	18
Changement d'activités religieuses	18
Demande de prêt	17
Changement dans les habitudes de sommeil	17

Déménagement d'un membre de la famille	16
Début d'une diète	15
Vacances	13
Noël	12
Infractions mineures à la loi	11

INTERPRÉTATION DES RÉSULTATS

Votre total est inférieur à 150
Votre risque de contracter une maladie se situe autour du risque moyen de toute personne en santé, soit environ 30 %.

Votre total se situe entre 150 et 300
Votre risque de contracter une maladie augmente à 50 % . Vous devriez songer à certains moyens de réduire et mieux gérer votre stress.

Votre total est de 301 ou plus
Votre risque de contracter une maladie est de 80 % et plus. À ce point, le risque de problèmes cardiaques graves est présent. Vous devez absolument réduire votre niveau de stress.

ANNEXE VII
Test ASTA:
Mesurez votre niveau d'anxiété

Faites un X dans la case correspondant à votre perception de vous-même par rapport à l'énoncé. Répondez le plus spontanément possible; il n'y a pas de réponse meilleure qu'une autre. Ne vous fiez pas aux chiffres apparaissant dans les cases.

N° Énoncé	Pas du tout	Un peu	Modé-rément	Beaucoup
1 Je me sens calme	4	3	2	1
2 Je me sens en sécurité	4	3	2	1
3 Je suis tendu	1	2	3	4
4 Je suis triste	1	2	3	4
5 Je me sens tranquille	4	3	2	1
6 Je me sens bouleversé	1	2	3	4
7 Je suis présentement préoccupé par des contrariétés possibles	1	2	3	4
8 Je me sens reposé	4	3	2	1
9 Je me sens anxieux	1	2	3	4

N°	Énoncé	Pas du tout	Un peu	Modé-rément	Beaucoup
10	Je me sens à l'aise	4	3	2	1
11	Je me sens sûr de moi	1	2	3	4
12	Je me sens nerveux	1	2	3	4
13	Je suis affolé	1	2	3	4
14	Je me sens sur le point d'éclater	1	2	3	4
15	Je suis relaxé	4	3	2	1
16	Je me sens heureux	4	3	2	1
17	Je suis préoccupé	1	2	3	4
18	Je suis surexcité et fébrile	1	2	3	4
19	Je me sens joyeux	4	3	2	1
20	Je me sens bien	4	3	2	1
21	Je me sens sûr de moi	4	3	2	1
22	Je me fatigue rapidement	1	2	3	4
23	Je suis au bord des larmes	1	2	3	4
24	Je souhaiterais être aussi heureux que les autres	1	2	3	4
25	Je perds de belles occasions parce que j'hésite trop longtemps	1	2	3	4
26	Je me sens reposé	4	3	2	1
27	Je suis calme, tranquille et en paix	4	3	2	1
28	Je sens que les difficultés s'accumulent au point que j'ai peur de ne plus pouvoir en venir à bout	1	2	3	4
29	Je m'en fais trop pour des riens	1	2	3	4
30	Je suis heureux	4	3	2	1

N°	Énoncé	Pas du tout	Un peu	Modé-rément	Beaucoup
31	Je suis enclin à mal prendre les choses	1	2	3	4
32	Je manque de confiance en moi	1	2	3	4
33	Je me sens en sécurité	4	3	2	1
34	J'essaie d'éviter de faire face à une crise ou à une difficulté	1	2	3	4
35	Je me sens mélancolique	1	2	3	4
36	Je suis content	4	3	2	1
37	Des idées sans importances me traversent la tête	1	2	3	4
38	Je prends les désappointements tellement à cœur que je n'arrive pas à les oublier	1	2	3	4
39	Je suis une personne stable	4	3	2	1
40	Je deviens tendu et bouleversé quand je pense à mes préoccupations actuelles	1	2	3	4

INTERPRÉTATION DES RÉSULTATS

Si votre pointage est supérieur à 48, vous tireriez bénéfice à consulter un professionnel.

Annexe VIII
Inventaire de Beck :
êtes-vous déprimé ?

À chaque numéro, lisez attentivement tous les énoncés, puis faites un X vis-à-vis de la phrase qui décrit le mieux votre situation depuis une semaine. Si plusieurs phrases vous conviennent, placez un X à chacune.

N°	Énoncés	Points
1	Je ne me sens pas triste.	0
	Je me sens morose ou triste.	1
	Je me sens morose ou triste tout le temps et je ne peux pas me remettre d'aplomb.	2
	Je suis tellement triste et malheureux que cela me fait mal.	2
	Je suis tellement triste et malheureux que je ne peux plus le supporter.	3

N°	Énoncés	Points
2	Je ne suis pas particulièrement pessimiste ou découragé à propos de l'avenir.	0
	Je me sens découragé à propos de l'avenir.	1
	Je sens que je n'ai rien à attendre de l'avenir.	2
	Je sens que je n'arriverai jamais à surmonter mes difficultés.	2
	Je sens que l'avenir est sans espoir et que les choses ne peuvent pas s'améliorer.	3
3	Je ne sens pas que je suis un échec.	0
	Je sens que j'ai échoué plus que la moyenne des gens.	1
	Je sens que j'ai accompli très peu de choses qui ont de la valeur ou une signification quelconque.	2
	Quand je pense à ma vie passée, je ne peux voir rien d'autre que des échecs.	2
	Je sens que je suis un échec complet en tant que personne (parent, conjoint, employé).	3
4	Je ne suis pas particulièrement mécontent.	0
	Je suis tanné la plupart du temps.	1
	Je ne prends pas plaisir aux choses comme avant.	1
	Je n'obtiens plus de satisfaction de quoi que ce soit.	2
	Je suis mécontent de tout.	3

N°	Énoncés	Points
5	Je ne me sens pas particulièrement coupable.	0
	Je me sens souvent mauvais ou indigne.	1
	Je me sens plutôt coupable.	2
	Je me sens mauvais ou indigne presque tout le temps.	2
	Je sens que je suis très mauvais ou très indigne.	3
6	Je n'ai pas l'impression d'être puni.	0
	J'ai l'impression que quelque chose de malheureux peut m'arriver.	1
	Je sens que je suis ou que je serai puni.	2
	Je sens que je mérite d'être puni.	3
	Je veux être puni.	3
7	Je ne suis pas déçu de moi-même.	0
	Je suis déçu de moi-même.	1
	Je ne m'aime pas.	1
	Je suis dégoutté de moi-même.	2
	Je me hais.	3
8	Je ne sens pas que je suis pire que les autres.	0
	Je me critique pour mes faiblesses et mes erreurs.	1
	Je me blâme pour mes fautes.	2
	Je me blâme pour tout ce qui m'arrive de mal.	3

N°	Énoncés	Points
9	Je n'ai aucune idée de me faire du mal.	0
	J'ai des idées de me faire du mal, mais je ne les mettrais pas à exécution.	1
	Je sens que je serais mieux mort.	2
	Je sens que ma famille serait mieux si j'étais mort.	3
	J'ai des plans bien précis pour un acte suicidaire.	3
	Je me tuerais si je le pouvais.	3
10	Je ne pleure pas plus que d'habitude.	0
	Je pleure plus maintenant qu'auparavant.	1
	Je pleure tout le temps maintenant ; je ne peux plus m'arrêter.	2
	Auparavant, j'étais capable de pleurer ; maintenant je ne peux plus pleurer du tout, même si je le veux.	3
11	Je ne suis pas plus irrité maintenant que je le suis d'habitude.	0
	Je deviens contrarié ou irrité plus facilement qu'auparavant.	1
	Je me sens irrité tout le temps.	2
	Je ne suis plus irrité du tout par les choses qui m'irritent habituellement.	3

N°	Énoncés	Points
12	Je n'ai pas perdu intérêt aux autres.	0
	Je m'intéresse moins aux autres qu'auparavant.	1
	J'ai perdu la plupart de mon intérêt pour les autres et j'ai peu de sentiment pour eux.	2
	J'ai perdu tout intérêt pour les autres et je ne me soucie pas d'eux du tout.	3
13	Je prends des décisions aussi bien que d'habitude.	0
	J'essaie de remettre à plus tard mes décisions.	1
	J'ai beaucoup de difficulté à prendre des décisions.	2
	Je suis tout à fait incapable de prendre une décision.	3
14	Je n'ai pas l'impression de paraître pire qu'auparavant.	0
	Je m'inquiète de paraître vieux et sans attrait.	1
	Je sens qu'il y a des changements permanents dans mon apparence et que ceux-ci me font paraître sans attrait.	2
	Je me sens laid et répugnant.	3

N°	Énoncés	Points
15	Je peux travailler aussi bien ou presque qu'avant.	0
	J'ai besoin de faire des efforts supplémentaires pour me mettre au travail.	1
	J'ai besoin de me pousser très fort pour faire quoi que ce soit.	2
	Je ne peux faire aucun travail.	3
16	Je peux dormir aussi bien que d'habitude.	0
	Je me réveille plus fatigué le matin que d'habitude.	1
	Je me réveille une ou deux heures plus tôt que d'habitude et j'ai de la difficulté à me rendormir.	2
	Je me réveille tôt chaque jour et je ne peux dormir plus de cinq heures par jour.	3
17	Je ne suis pas plus fatigué que d'habitude.	0
	Je me fatigue plus facilement qu'auparavant.	1
	Je me fatigue à faire quoi que ce soit.	2
	Je suis trop fatigué pour faire quoi que ce soit.	3

N°	Énoncés	Points
18	Mon appétit est aussi bon que d'habitude.	0
	Mon appétit n'est plus aussi bon que d'habitude.	1
	Mon appétit est beaucoup moins bon maintenant.	2
	Je n'ai plus d'appétit du tout.	3
19	Je n'ai pas perdu de poids dernièrement sinon juste un peu.	0
	J'ai perdu plus de 3 kilos.	1
	J'ai perdu plus de 5 kilos.	2
	J'ai perdu plus de 8 kilos.	3
20	Je ne suis pas plus préoccupé par ma santé que d'habitude.	0
	Je suis préoccupé par des maux et des douleurs, ou des problèmes de digestion ou de constipation.	1
	Je suis tellement préoccupé par ce que je ressens ou comment je me sens qu'il est difficile pour moi de penser à autre chose.	2
	Je ne pense qu'à comment je me sens ou à ce que je ressens.	3

N°	Énoncés	Points
21	Je n'ai noté aucun changement récent dans mon intérêt pour le sexe.	0
	Je suis moins intéressé par le sexe qu'auparavant.	1
	Je suis beaucoup moins intéressé par le sexe qu'auparavant.	2
	Je n'ai plus aucun intérêt pour le sexe.	3

INTERPRÉTATION DES RÉSULTATS

Additionnez votre pointage. Si, à une question, vous avez fourni deux réponses ou plus, ne considérez que celle dont le pointage est le plus élevé.

Si votre pointage est plus élevé que 11, vous êtes dans un état dépressif significatif. S'il est de 19 ou plus, votre état dépressif est grave. Dans les deux cas, il vous est conseillé de consulter un spécialiste ou votre médecin de famille.

ANNEXE IX
EED :
échelle d'expérience dissociative

Si vous jugez que vous avez subi des traumatismes importants et que vous répondez oui à quatre des six questions suivantes, essayez de consulter un professionnel de la santé familier avec les troubles dissociatifs, car il se peut que vous en souffriez.

QUESTION 1
Vous arrive-t-il parfois, lorsque vous écoutez parler quelqu'un, de vous rendre compte brusquement que vous n'avez pas entendu une partie ou même tout ce qu'il vous a dit?

QUESTION 2
Vous est-il déjà arrivé de trouver parmi vos affaires des objets nouveaux sans vous rappeler où vous les avez achetés ou encore qui vous les a donnés?

QUESTION 3

Vous est-il déjà arrivé d'avoir l'impression d'être à côté de vous-même, debout, ou même de vous voir comme s'il s'agissait de quelqu'un d'autre?

QUESTION 4

Vous est-il déjà arrivé de ne pas vous souvenir d'événements importants de votre vie comme un mariage, des examens, etc.?

QUESTION 5

Avez-vous déjà eu le sentiment de ne pas trouver réels des gens, des objets, ou le monde autour de vous?

QUESTION 6

Vous est-il déjà arrivé de vous demander si certains événements dont vous vous souvenez se sont réellement passés ou n'étaient pas plutôt des rêves?